AF314806

A·BEC·ET·GRIFFES
Sibut. del.
veyrier. Sculp.

# LA VIE

## DE SAINT AGRICOL,

ÉVEQUE ET PATRON DE LA VILLE D'AVIGNON,

## DÉDIÉE

A MESSIEURS les VIGUIER, CONSULS &
ASSESSEUR, ET AU CONSEIL de la
même Ville ;

## ÉTANT VIGUIER

ILLUSTRE ET MAGNIFIQUE SEIGNEUR
M. Jean - Joseph - Felix - Xavier - Henri DES
ROLANDS, Marquis de REILHANETE, Briga-
dier des armées du Roi ;

## ET CONSULS

ILLUSTRES ET MAGNIFIQUES SEIGNEURS MM.
Pierre - Bonaventure DES ACHARDS, Marquis
de LA BEAUME, Gentilhomme ordinaire de la
Chambre du Roi, Jean Baptiste-Pierre Michel de SPINARDY, D. ez D. Avocat en la
Cour, Assesseur, Claude MICHEL, & Fran-
çois-Agricol POULLE.

Par M. l'Abbé CLÉMENT.

A AVIGNON,
Chez JOSEPH ROBERTY, Libraire,
Imprimeur de la Ville.

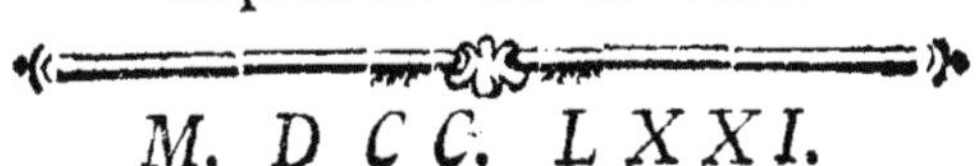

M. D CC. LXXI.

# *A* ILLUSTRES

## ET MAGNIFIQUES SEIGNEURS

## MESSIEURS

## LES VIGUIER, CONSULS

## *ET ASSESSEUR,*

## ET AU CONSEIL

### de la Ville d'Avignon.

# *M*ESSIEURS,

*L'hommage que je vous rends,
en vous dédiant cet Ouvrage, vous*

étoit dû par toutes fortes de titres.
Le rang que vous tenez dans la fo-
ciété, l'autorité que vous y exer-
cez, vos qualités perfonnelles, mon
dévouement refpectueux pour chacun
de vous en particulier, en étoient,
fans doute, des raifons légitimes;
& la vie du glorieux Patron de
cette Ville devoit naturellement paroître fous les aufpices de ceux
qui travaillent avec tant de vigi-
lance, de zele & de fuccès au
bonheur & à la tranquillité des
Citoyens. Votre amour pour eux,
la fageffe, la promptitude & l'é-
quité avec lefquelles vous terminez

leurs différens ; les foins infatiga-
bles que vous prenez de leurs intérêts temporels, annoncent les imitateurs de Saint Agricol à qui ils
font encore fi chers ; & votre ad-
miniſtration nous retrace la fienne
en faveur de nos Peres , tems auquel les Évêques avoient la plus
grande part aux affaires publiques.

C'eſt ce que toute la Ville pen-
fe , ILLUSTRES & MAGNI-
FIQUES SEIGNEURS , en
vous regardant comme les vrais
Peres de la Patrie ; & ce juſte
tribut de louanges n'eſt que l'ex-
preſſion fidele des fentimens de

mes Concitoyens. Si vous daignez honorer de vos suffrages le foible essai qui vous est offert , vous leur fournirez , je l'espere , un motif de plus de le recevoir avec indulgence.

Je suis avec respect ,

ILLUSTRES ET MAGNIFIQUES SEIGNEURS ,

Votre très-humble & très-
obéissant serviteur,
CLÉMENT , Prêtre.

# PRÉFACE.

SI jamais Ouvrage a mérité l'indulgence du Public, c'est, sans doute, celui-ci. Le fonds sur lequel on a travaillé, le sujet qu'on a traité, & les motifs qui ont déterminé l'Auteur à entreprendre un pareil Ouvrage, tout semble demander qu'on n'use pas en le lisant d'une critique rigoureuse. C'est d'abord une matiere fort stérile par elle-même, très-embrouillée, & par conséquent très-difficile à mettre en œuvre. Il s'agit ensuite de la Vie & des Miracles d'un Saint à qui tous nos Citoyens doivent la plus vive reconnoissance pour les bienfaits anciens & nouveaux que la Patrie en a reçus ; d'un Saint qui

par cette raifon mérite fi fort
d'être connu , qui cependant l'eft
fi peu , & qui le feroit toujours
moins , fi perfonne n'eût pris foin
de raffembler & de mettre en ordre le petit nombre de traits de
fa vie & de fa protection , épars
dans différens ouvrages , ainfi que
ceux que la tradition du pays
nous a confervés , & dont la
fuite des tems effaceroit infenfiblement la mémoire.

J'ai cru devoir commencer l'entreprife ; j'y ai été engagé par
des motifs auxquels je ne pou-
vois refufer de me rendre. Le
premier , c'eft le zele pour la
gloire du Saint & pour l'avantage de mes Concitoyens inté-
reffés à l'honorer , à l'invoquer,
& par conféquent à être inftruits de fes vertus & des fa-

veurs que nos Peres en ont reçues dans tous les tems.

Un autre motif, c'est la gra-
titude que je dois à des perſonnes auxquelles, je le public avec
plaiſir, j'ai des obligations eſſen-
tielles. Je puis en nommer une
que Dieu a déja reçue dans ſa
gloire, ainſi que nous le perſua-
dent aiſément la pratique conſ-
tante de toutes les vertus & les
pieuſes libéralités envers les pauvres, par leſquelles elle a ſi long-
tems édifié cette Ville : c'eſt Ma-
dame Françoiſe de Cambis, Mar-
quiſe de Brantes.

Dans le tems que le Panégy-
rique de Saint Agricol avec des
notes, compoſé par le Révérend
Pere Euſebe Didier, Récolet, &
les remarques critiques d'un ſa-
vant Auteur anonyme attiroient

l'attention du Public, elle me témoigna defirer que l'on fît une hiftoire fuivie de ce Saint. Elle avoit beaucoup de confiance en lui, & l'honoroit d'un culte particulier ; tant de dons faits à fon Églife le prouvent affez.

Honoré des bontés & des bienfaits de cette vertueufe Dame, comblé de ceux du digne héritier de fes vertus & de fa dévotion envers notre faint Protecteur, j'ofai former le deffein de l'entreprendre, dans la vue de faire plaifir à l'un & à l'autre, & de leur donner par-là une marque de ma jufte reconnoiffance.

Enfin il m'a paru qu'étant attaché au fervice de l'Églife de Saint Agricol, je devois m'efforcer de contribuer à étendre le culte de ce grand Saint, & à

augmenter la confiance en fon in-
tercefſion.

Ce ſont là les motifs qui ont
donné naiſſance à l'hiſtoire de ſa
vie : s'ils n'en couvrent pas les
défauts, ils ſollicitent au moins
l'indulgence du Public ; outre
qu'un portrait , quoique foible-
ment crayonné , n'eſt jamais déſa-
gréable , lorſque l'original eſt
auſſi cher que l'eſt à mes Concitoyens celui que j'ai l'avantage
de leur offrir.

Mais avant de commencer la
vie de notre Saint Patron , je ne
puis m'empêcher de déplorer ici
la négligence de ceux qui eurent
le bonheur de vivre avec lui , &
des Savans qui vinrent immédia-
tement après eux. Une vie auſſi
édifiante , auſſi frappante , auſſi
féconde en merveilles qu'a , ſans

doute , été la fienne , puifqu'on eut après fa mort une très-grande idée de fa fainteté , & une confiance extraordinaire en fon pouvoir dans le Ciel ; une telle vie , dis-je , méritoit bien d'être tranfmife à la poftérité. La bonne odeur de toutes les vertus qu'il répandit dans les différens états par où la Providence le fit paffer ; les miracles qui l'illuftrerent pendant fon Épifcopat , ou du moins qu'il opéra après fa mort ; fa fainteté reconnue & fon culte autorifé prefque auffitôt après ; enfin la mémoire glorieufe qu'il a laiffée , tout cela n'auroit-il pas dû encourager à une entreprife fi jufte & fi louable quelques-uns de ces hommes célebres que notre Ville a produits dans tous les tems ? Car fuivant le rapport d'un

faint

faint & favant auteur ( 1 ) la Philofophie , l'Éloquence & par conféquent tous les genres de Littérature étoient en honneur dans Avignon , même dès le tems de Saint Agricol. Dieu ne l'a pas voulu ; ou du moins si notre Saint a eu des hiftoriens , les malheurs des tems ont englouti prefque tout ce qu'on peut avoir écrit d'une si belle vie. Il eft bien jufte de conferver les faits qui nous en reftent : plus le nombre en eft petit , plus ils doivent nous être précieux. Dans cette vue j'ai fait toutes les recherches , & j'ai mis toute l'appication dont j'ai été capable pour les recueillir & les mettre en ordre.

Daigne le Seigneur répandre fes bénédictions fur mon travail

_______________________________

( 1 ) Greg. Tur. hift. lib. 6. c. 9.

& le faire fervir à la gloire de notre Saint Patron, & en même tems au bonheur de mes Concitoyens, en excitant toujours de plus en plus leur dévotion envers lui ; elle fera toujours récompenfée par les faveurs les plus fignalées. Le paffé nous répond de l'avenir ; les anciens bienfaits accordés à nos Peres, les nouveaux que nous avons reçus nous-mêmes dans ces derniers tems, font un gage affuré de ceux que nous & nos neveux devons attendre de fa puiffante interceffion auprès de Dieu.

Il ne me refte plus qu'à avertir que cette hiftoire eft appuyée fur la tradition du pays & fur les actes de notre Saint, lefquels, felon l'auteur qui les a recueillis, font tirés de très-anciens manuſcrits d'Avignon & de Lérins. La juſtice & la reconnoiſſance m'obligent encore de dire que je dois beaucoup aux recherches & aux notes du Révérend Pere Euſebe, & aux ouvrages de l'illuſtre Auteur ( 1 ) qui les a diſcutées, & qui a eu la bonté de me fournir des mémoires dont j'ai fait grand uſage.

────────────────

( 1 ) M. le Marquis de Cambis-Velleron.

Sibut. del.                    Veyrier. Sculp.

# LA VIE

## *DE SAINT*

# AGRICOL,

## *ÉVÊQUE ET PATRON*

## DE LA VILLE D'AVIGNON

**S**AINT Agricol vint au monde environ l'an de notre Seigneur six cent vingt-sept sous le pontificat d'Honorius I. & sous le regne de Clotaire II. Il naquit à Avignon, ville qui étoit alors du royaume de Bourgogne, & déja très-puissante & très-florissante

A

par ſes richeſſes & par un grand nombre de familles nobles qui l'habitoient. Il eut pour pere St. Magne, ſeigneur d'une très-haute condition, qu'on croit, avec aſſez de vraiſemblance, être ſorti de l'illuſtre familie des Albins, nobles Romains que la beauté du climat avoit attirés dans ce pays, & qui avoient été Gouverneurs de la Province.

La piété de Magne donnoit encore un nouvel éclat à ſa naiſſance : auſſi fut-il jugé digne d'occuper le ſiége d'Avignon, & d'être placé après ſa mort ſur les autels. Il eſt même à croire qu'il ne fut fait Évêque qu'après avoir rempli avec diſtinction les premieres charges du Sénat qui ſubſiſtoit encore pour lors dans cette Ville.

Tel étoit le pere d'Agricol. Sa mere s'appelloit Gandaltrude, ou

Auſtadiale , ou Auguſtadiale. C'é-
toit une Dame iſſue d'une famille
également diſtinguée par ſon an-
cienneté , ainſi que l'indique l'éclat
de celle où elle entra. Ils étoient
l'un & l'autre non ſeulement des
premiers de la Ville ; mais encore
les plus conſidérables parmi la nobleſſe du pays , où la ſplendeur
de leur rang & la bonne odeur
de leurs vertus leur avoient ac-
quis l'eſtime & la conſidération
des peuples.

La gloire des peres rejaillit toujours ſur les enfans ; & le Ciel
ayant fait naître Agricol de parens auſſi recommandables par
leurs vertus & par l'élévation des
ſentimens , que par la nobleſſe
du ſang , le deſtinoit , ſans doute ,
à de grandes choſes.

L'éducation qu'il reçut répondit à la grandeur de sa naissance & encore plus à la piété de ceux qui la lui donnerent : ils étoient de ces parens qui font leur plaisir de leur devoir , & qui mettent au rang de leurs devoirs les plus essentiels , celui de bien élever leur famille. Ils s'appliquerent avec beaucoup de soin à imprimer dans le cœur d'Agricol, dès son enfance, la crainte & l'amour de Dieu , à lui apprendre les vérités de notre sainte Religion, à lui en faire goûter les maximes & à l'exercer, autant que son âge pouvoit le permettre , à la pratique des vertus évangéliques ; ils ne confierent ce soin important à personne , bien persuadés que la nature & la Religion leur en imposoient également le devoir , & que leur condition ne les en dis-

penſoit pas; ils croyoient que donner une éducation chrétienne à
leur fils, c'étoit lui tranſmettre le
plus précieux héritage.

Dieu benit leurs ſoins : ils eurent la conſolation de voir ſe dé-
velopper dans le jeune Agricol le
germe de toutes les vertus, &
le penchant pour le bien qu'ils
avoient formé en lui , ou du moins
fortifié par leurs leçons & par
leurs exemples ; ils virent avec la
plus douce ſatisfaction les bénédictions du Ciel répandues ſur lui,
& ils prévirent dès lors les effets
merveilleux de ces graces choiſies,
dont le Seigneur ne manque jamais de prévenir ceux qu'il deſtine
aux grandes places , & qu'il fait
naître pour le ſalut des autres.

En effet les précieuſes ſemen-
ces de piété jettées de bonne

heure dans ce cœur docile, n'attendirent pas, pour produire leurs fruits, le tems ordinaire de la maturité. L'on vit bientôt avec étonnement le jeune Agricol pratiquer des vertus bien au-deſſus de ſon âge. Plein de reſpeᵭ pour ſes parens, honorant Dieu dans leur perſonne, il montroit une déférence entiere à leurs avis, une obéiſſance aveugle à leurs ordres. On ne remarquoit rien dans toutes ſes aᶜtions qui tînt de la légéreté de l'enfance; il ſe diſtinguoit par ſa modeſtie & par la régularité de ſa conduite; la crainte du Seigneur régloit toutes ſes démarches: on le vit dès ſes plus tendres années ſe refuſer aux jeux innocens & aux amuſemens frivoles dont les enfans ſont ordinairement ſi jaloux; les exercices

de la Religion faifoient feuls fes
délices, il fembloit n'avoir d'ardeur que pour les pratiques de
piété : fon attrait dominant étoit
de fe trouver à l'Églife ; il s'y rendoit toujours avec joye & n'en
fortoit qu'avec regret ; jamais il
ne porta dans le lieu faint ces airs
de légéreté & de diffipation fi or-
dinaires à la jeuneffe : n'y allant
point par contrainte , comme la
plupart de ceux de fon âge , il
n'avoit garde de s'y ennuyer ,
encore moins de s'y diffiper. Cependant fon affiduité à l'Églife ne
l'empêchoit pas de s'adonner à
l'étude convenable à fon âge , il
commença même dès-lors à acquérir des connoiffances , qui ,
loin de l'enorgueillir , ne fervi-
rent qu'à le rendre plus attentif
à remplir les devoirs qu'elles lui

découvroient. Mais l'esprit de Dieu qui le conduisoit comme par la main , & qui voulut être le principal directeur de l'ame de cet heureux enfant , lui inspira de bonne heure l'amour de la retraite , pour lui parler dans le secret du cœur, & lui révéler des vérités que le monde ne connoît pas..

Il avoit à peine atteint sa quatorzieme année , que se laissant conduire par l'esprit saint , il s'arracha courageusement d'entre les bras de ses parens & de ses amis, & se retira dans l'abbaye de Lérins, située dans l'isle de ce nom, sur la côte de Provence, près d'Antibes. C'étoit un monastere fameux fondé par St. Honorat , & gouverné pour lors par St. Maxime second du nom : il étoit en ce tems-là , & fut encore depuis fort célebre par la ſçience & la piété de ceux qui l'habitoient. C'é- toit l'école de toutes les vertus , l'académie de la Nobleſſe chré- tienne & le ſéminaire des Évêques qui devoient illuſtrer & édifier l'Égliſe de Dieu. C'eſt-là que s'é- toient formés les Honorat , les Hi- laire , les Maxime , les Fauſte , les Céſaire , les Suffren & tant d'autres Saints Évêques.

Docile aux inſpirations de l'Eſ- prit-ſaint , & craignant les dange- reuſes amorces des plaiſirs & des vanités du ſiecle , Agricol ſe re- tira dant cette ſolitude ; il ſe mit ſous la conduite des excellens maî- tres de la vie ſpirituelle , qui s'y trouvoient en grand nombre : il profita ſi bien de leurs leçons & de leurs exemples , qu'il devint

bientôt lui-même un modele ac-
compli de toutes les vertus.

Il eſt bien difficile de ſe faire
remarquer parmi des perſonnes
qui ont preſque atteint la plus
haute perfection ; il faut avoir
pour cela un mérite bien extraordinaire. Cependant ce fut au milieu de ces Anges terreſtres que
la vertu du jeune Agricol jetta un
éclat ſi brillant , que chacun le
regardoit avec un étonnement
mêlé de joye. On avoit peine à
comprendre que dans un âge auſſi
tendre , la grace ſe fût tellement
emparée de ſon cœur & de tous
ſes mouvemens , qu'elle en eût
entiérement effacé l'image dange-
reuſe des plaiſirs & des amuſemens du monde ; on regardoit
comme un prodige qu'un enfant
élevé dans la délicateſſe , avec les

ménagemens & les attentions du rang où Dieu l'avoit fait naître , eût fait néanmoins une alliance si étroite avec la pénitence , & eût pris tant de goût pour ses exerci- ces, que , prévenant le tems où l'Église prescrit le jeûne aux fide- les , il voulut observer ceux que la regle de St. Benoît ordonne à ses disciples : mais si l'on eût pé- nétré le fond de son cœur , & qu'on y eût découvert l'ardent amour de Dieu qui l'animoit , l'é- tonnement auroit cessé. Enfin il donna tant de preuves de sa pié- té , de sa ferveur & de ses talents , qu'il s'attira non seulement l'ap- probation secrete , mais encore les éloges publics , l'estime & l'affec- tion de la communauté & de toute l'isle. Heureux prodige , lorsqu'une vertu éclatante concilie l'amour , au lieu d'exciter la haine , lorfque les hommes ne regardent pas d'un œil jaloux & malin des actions qui brillent à leurs yeux , & qui fouvent condamnent leur conduite !

Cependant Agricol n'étoit pas content de lui-même ; il fe condamnoit en fecret , il s'humilioit devant Dieu & devant les hommes ; il regardoit l'opinion avantageufe que tout le monde avoit de lui , comme l'effet d'une exceffive charité, ou d'un zele adroit qui ne le louoit que pour l'encourager à devenir meilleur ; mais plus il craignoit les louanges , plus on fe faifoit un plaifir de lui en donner , & plus il fuyoit les applaudiffemens , plus il s'en attiroit. On remarquoit fur-tout en lui une grande pureté de mœurs ,

une

une modeſtie ſinguliere, une charité univerſelle & ſans acception
de perſonne, & la plus grande fi-
deuté aux plus petites choſes : fi-
délité qui avoit pour principe un
deſir ardent de plaire à Dieu, &
d'avancer chaque jour dans les
voies de la perfection.

Il paſſa ainſi pluſieurs années
dans cette ſainte école, s'y exer-
çant à la pratique des vertus chrétiennes, mais s'appliquant auſſi
avec une égale ardeur à l'étude
de la Théologie & des ſaintes
Écritures ; car s'il eſt vrai que la
piété, lorſqu'elle eſt ſolide, n'o-
met rien de ce qui peut l'entretenir, il eſt vrai auſſi qu'elle ne
conſacre point à des œuvres de
ſurérogation un tems beaucoup
mieux employé à des devoirs eſ-
ſentiels.

Perfuadé que la fcience eft une des qualités les plus néceffaires au miniftere Eccléfiaftique , & que ceux qui en font chargés , quelque vertu qu'ils aient d'ailleurs , s'ils n'ont pas les connoiffances requifes, s'expofent à commettre de grandes fautes , Agricol étudia dans la vue de plaire à Dieu , autant que par goût ; il croyoit remplir un devoir en ne négligeant rien pour acquérir le fonds de connoiffances que les peuples ont droit d'attendre des Miniftres des autels , & pour fe mettre à l'abri des inconvéniens qui font la fuite funefte de l'ignorance. Quelque attrait qu'il eût pour la pénitence & pour les pratiques de piété , elles ne lui déroberent jamais un des momens qu'il devoit à l'étude : cependant

il ne s'y livroit pas avec cette
avidité inquiete qu'infpire l'en-
vie démefurée de favoir , ou la
vanité de paffer pour favant ;
il avoit appris que , lorfqu'on
étudie par ces principes, il n'en
réfulte pour l'ordinaire que de
l'enflure dans le cœur & de la
diffipation dans l'efprit. Ainfi par
fon application à l'étude , il
ne fe propofa que d'acquérir
la fcience indifpen fable à l'état
auquel il prévoyoit bien que la
Providence le deftinoit : mais en
même tems il ne fe relâcha point
dans le fervice de Dieu pour
s'abandonner à l'étude ; elle ne
deffécha point dans lui l'efprit
de dévotion ; & il montra par fon
exemple , que , lorfqu'on étudie
en vuë de Dieu , la piété n'y
perd jamais rien , qu'elle fert au

contraire de regle & de mesure à l'étude ; & qu'en adoucissant la culture des sciences, elle leur ôte ce qu'elles ont d'épineux pour tant de jeunes gens, qui par-là les négligent.

Les grands progrès que fit Agricol dans la science & dans la piété, pendant son séjour dans un lieu également favorable à l'une & à l'autre, engagerent ses Supérieurs à lui faire prendre les Ordres sacrés, & à l'élever même au Sacerdoce : on ne le conféroit alors qu'à des personnes qui réunissoient les connoissances & les vertus dans un degré éminent. Quoiqu'il s'en reconnût indigne, & qu'il fût pénétré d'une sainte frayeur à la vue des redoutables fonctions dont il alloit être chargé, il obéit cependant avec soumiſſion; & la déférence pour ſes Supérieurs triompha de ſon humilité & de ſes craintes.

Quelque tems après St. Magne, qui depuis environ deux ans avoit été fait Évêque d'Avignon, le rappella auprès de lui. Agricol auroit bien ſouhaité jouir plus long-tems des douceurs ineſtimables de ſa ſainte retraite & des conſolations intérieures dont le Seigneur le combloit : mais à la voix de ſon paſteur & de ſon pere qui l'appelloit à Avignon, il ne balança pas à en faire le ſacrifice.

Comme un fervent Eccléſiaſtique ſort de nos jours de quelque ſéminaire, véritablement animé de l'eſprit apoſtolique qu'on y ſait ſi bien inſpirer, pour aller éclairer & ſanctifier une Paroiſſe, ou

un Diocese , & pour répandre
par-tout où ses Supérieurs l'ap-
pelleront , les trésors de science
& de sagesse dont Dieu & les
hommes ont pris soin de l'enrichir
dans ces saintes maisons si utiles
à l'Église ; ainsi Agricol , animé du
même esprit , sortit de l'abbaye
de Lérins pour venir instruire &
édifier sa patrie. Dévoré du zele
de la gloire de Dieu & du salut
des ames , on le vit s'appliquer
avec un foin extrême aux fonctions inférieures du saint minis-
tere dont il fut d'abord chargé
par son pere : il s'en acquita avec
tant de sagesse & d'édification ,
qu'on le jugea digne de le secon-
der dans les fonctions Épiscopa-
les , & d'exercer l'office d'Archidiacre alors unique dans Avignon.
Revêtu de cette nouvelle dignité ,

il s'y comporta de telle forte, qu'on pût le regarder avec raifon comme l'œil de l'Évêque, ainfi que s'expriment les Saints Canons.

Difpenfateur des myfteres de Dieu, il n'avoit rien plus à cœur que d'en faire part aux fideles ; & il employoit tout fon zele à les difpofer à s'en approcher dignement. Chargé du foin des veuves & des vierges, qui, felon St. Cyprien, font la plus noble portion de l'Églife, il fut pourvoir à tous leurs befoins & les maintenir dans la piété ; miniftere périlleux qui ne demandoit rien moins qu'une vertu auffi éprouvée que celle d'Agricol : accoutumé à veiller fur lui-même, il fe montra fupérieur à toutes les foibleffes auxquelles l'expofoient fa jeuneffe

& la fréquentation néceffaire d'un fexe toujours dangereux, même par fes vertus. Adminiftrateur des biens temporels de l'Églife, dont une partie doit être employée au foulagement des pauvres, il la leur diftribua fidélement. Miniftre de la fainte parole de l'Évangile, il étoit toujours prêt à l'annoncer, lorfque les infirmités ou les grandes occupations de St. Magne laiffoient un champ libre à fon zele.

C'eft ainfi qu'Agricol en rempliffant avec tant de gloire les fonctions d'Archidiacre, montroit les qualités d'un excellent Évêque: par-là il difpofoit, fans le vouloir, tous les efprits à le defirer pour pafteur, & à le choifir enfin lorfqu'il en feroit tems pour fuccéder à fon pere.

Saint Magne étoit alors déja

affoibli par l'âge & par les grands travaux de son Épiscopat ; il se voyoit d'ailleurs sur le point d'entreprendre un long voyage ; il vouloit prévenir les troubles auxquels son Église auroit pu être exposée, si la mort l'eût surpris pendant qu'il en auroit été éloigné. Dans ces conjonctures il songea, à l'exemple de St. Augustin, à s'assurer un successeur : pour en faire le choix, il assembla le Clergé & les principaux de la Ville. La délibération ne fut pas longue ; tous les suffrages furent pour Agricol, que tous les vœux avoient déja appellé à ce Siege dans une autre assemblée pareille. C'est ainsi qu'il fut désigné & déclaré irrévocablement successeur de Saint Magne d'une voix unanime & avec les plus grandes démonstrations de joye , quoiqu'il n'eût alors que vingt-trois ans ; tant son mérite étoit éclatant & reconnu.

Ce fut une grande consolation pour le saint vieillard de confier son troupeau à un autre lui-même , de laisser son Église à son fils, & de donner en même tems à cette Épouse chérie , pour laquelle il avoit tant travaillé , un pasteur dont le zele égaloit le sien , qui auroit le même attachement pour elle , qui suivroit en tout ses maximes , & dans qui l'on retrouveroit toute la sagesse & toute la douceur de son gouvernement paternel.

Saint Magne , après avoir ainsi pourvu à la sûreté de son Église , partit pour Châlons-sur-Saone ; il assista & souscrivit avec plusieurs de ses comprovinciaux au Concile qui s'y tint. ( 1 ) L'un des objets de cette affemblée étoit de procéder contre Théodofe, Archevêque d'Arles leur Métropolitain. De retour à Avignon, il y vécut encore environ dix ans, ne penfant plus qu'aux chofes de l'autre vie. Enfin il mourut en fix cent foixante, laiffant à fon Peuple le précieux héritage de fes vertus, de fes exemples & de fes faintes Reliques.

Agricol fe voyant feul chargé du foin du Diocefe, fe livra avec un zele infatigable à la conduite de fon troupeau, il fe fit tout à tous pour les gagner tous à Jefus-Chrift. Il étoit véritablement le pere de fon Peuple & fur-tout des pauvres; il employoit à leur fou-

_______________

( 1 ) Ce fut vers l'an 6:0, felon le Pere Longreval, Hift. de l'Egl. Gall. T. 4, & felon le fentiment le plus commun.

lagement la plus grande partie des revenus de son Église ; mais encore plus attentif aux besoins des ames, il distribuoit réguliérement aux jours marqués pour l'instruction le pain de la sainte parole ; & il l'annonça toujours avec une force, une simplicité, une onction dignes des premiers siecles de l'Église : il acheva d'en rétablir la discipline, il en fit observer les reglemens. Un de ses principaux soins fut de conserver le sacré dépôt de la Foi, d'empêcher l'yvraie de croître avec le bon grain, de combattre, d'extirper les héréfies que l'homme ennemi s'efforce toujours de semer parmi les vérités saintes de la Religion. Il s'appliqua sans relâche à déraciner les vices, à corriger les mœurs, à éloigner les scandales ; en un mot

à

à garantir son Peuple de la contagion de l'erreur & du libertinage.

Les soins, le zele & les instructions du saint Prélat ne furent pas sans fruit. Le nombre des fideles s'accrut considérablement ; & ceux qui l'étoient déja, devinrent plus fervens. Les uns & les autres s'adonnoient avec une ardeur merveilleuse aux exercices de piété. Il sembloit y avoir parmi eux une louable émulation pour le bien : les Sacremens étoient fréquentés ; il ne se faisoit point de prieres, point d'instructions publiques auxquelles ils ne voulussent tous assister ; en sorte que l'Église Cathédrale, le seul temple qu'il y eût alors, se trouvoit trop petite pour les contenir tous.

Agricol attentif à tout s'en apperçût & résolut d'y pourvoir. Sa

libéralité feconda fon zele : il en
fit bâtir une autre à fes dépens. Ce
fut, felon un fentiment affez pro-
bable, fa propre maifon, celle où
il étoit né, qu'il voulut confacrer
à un fi faint ufage. Et en effet il
n'y a pas d'apparence que, devenu
l'héritier de fa famille & maître
de l'emplacement, il en ait choifi
un autre lorfqu'il fut queftion d'é-
lever un temple au Seigneur. La
pratique de ce tems-là eft favorable à cette opinion ; fans doute
qu'un faint Évêque n'aura pas eu
moins de zele que tant d'ames fideles qui, dans ce premier âge du
Chriftianifme, fe faifoient une
gloire & un nouveau mérite de
leurs largeffes, en érigeant en
Églifes leurs propres habitations ;
les annales eccléfiaftiques en fourniffent plufieurs exemples. Mais

quoiqu'il ne ſoit pas abſolument certain que Saint Agricol ait choiſi l'emplacement de ſa propre maiſon , pour y établir la nouvelle Égliſe que l'augmentation des fideles rendoit néceſſaire ; il eſt cependant ſûr qu'elle eſt renfermée, au moins en partie, dans celle qui porte aujourd'hui ſon nom ; il **y** a tout lieu de croire que c'eſt la Chapelle du Saint-Eſprit ( 1 ), c'eſt la ſeule où l'on apperçoive quelque marque de Dédicace ; & par ſa forme & ſa profondeur , elle paroît un bâtiment diſtinct , ayant un clocher à part. ( 2 ).

------

(1) C'eſt celle qu'on trouve à main droite, la premiere en entrant. Il eſt très-vraiſemblable qu'elle s'avançoit un peu plus du côté du Nord , & que les traces en ont été effacées lorſqu'en 1485 on fit la façade de l'Egliſe d'aujourd'hui.

( 2 ) A l'occaſion de quelques réparations

Cette nouvelle Églife demandoit de nouveaux miniftres, & il
falloit fournir à leur entretien.
Agricol dont le zele étoit auffi
généreux qu'éclairé, trouva facilement le moyen de remplir ces
deux objets. Sa fageffe lui fit d'a-
bord choifir les miniftres, dont il
avoit befoin pour la deffervir ,
parmi les folitaires de l'abbaye
de Lérins : il en fit venir un certain nombre , & en mit un à leur
tête avec le titre d'Abbé. Il érigea ainfi fa nouvelle Églife en
Abbaye , il lui accorda plufieurs privileges ; enfin fa générofité lui fit facrifier une partie
de fes propres biens pour lui
affigner des revenus annuels. Bel
exemple de zele & de libéra-

qu'on a été obligé d'y faire , ce clocher a été
détruit depuis quelques années.

lité pour les perſonnes riches qui, en ſacrifiant quelque petite por- tion des grands biens qu'elles tien- nent de la Providence, pourroient faire des établiſſemens utiles à la Religion & à la piété !

Peu de tems après la mort de notre Saint, cette abbaye fut ap- pellée de ſon nom. On crut de- voir lui faire honneur de ſon ou- vrage, dans ce tems où ſes mi- racles confirmoient ſa ſainteté ; & dès-lors elle ne fut plus connue que ſous le nom de ſon fondateur : elle fut encore érigée en paroiſſe dans le même tems, & c'eſt ſans contredit la plus ancienne de la Ville. Le public voit avec ſatiſ- faction les dignes ſucceſſeurs des pieux ſolitaires choiſis par Saint Agricol pour la deſſervir, dans le reſpectable Clergé qui l'occupe à

préfent ; & l'hiftoire même peut
dire que fes vertus , fon zele &
fes lumieres nous fourniffent pour
la piété les mêmes reffources que
fournirent à nos peres les miniftres zélés que notre Saint y établit.

Ceux-ci s'acquiterent des fonctions du faint miniftere avec tant
d'édification , que le Saint Évêque en appella encore d'autres ,
pour remplir dans fa Cathédrale
plufieurs places qui , par le mal-
heur des tems & la rareté des
Clercs , pouvoient être vacantes ;
c'eft de la même école qu'il en
tira dans la fuite pour remplir celles qui le devinrent par la mort
de ceux qui en occupoient déja :
ces derniers ont eu dans tous
les tems , & ont encore aujour-
d'hui des fucceffeurs dignes d'a-
voir été choifis par Saint Agricol ,

& qui font encore , comme ils l'ont toujours été , la gloire & le modele du Clergé de cette ville.

La régularité & la ferveur , qu'ils augmenterent dans la Cathédrale , s'y maintinrent pendant plufieurs fiecles : mais , felon l'inftabilité des chofes humaines , cette ferveur fe ralentit peu à peu ; & la régularité s'affoiblit infenfiblement , au point que les Chanoines ne voulurent plus vivre en commun , ce que leurs prédéceffeurs avoient toujours pratiqué.

Cependant ce refroidiffement dans la piété ne fut pas général , & quatre d'entr'eux qui étoient animés de l'efprit de ceux de Lérins choifis par Saint Agricol, aimerent mieux ſe ſéparer que de ſe conformer au grand nombre ; ils demanderent l'égliſe de St. Ruf pour y continuer leurs exercices : ils l'obtinrent & vinrent y prati-oüer la même regle que leurs pré-déceſſeurs avoient gardée. Leur zele & la bonne odeur de leurs vertus leur attirerent bientôt de tout côté des imitateurs & des diſciples. Ainſi ſe forma & s'éta-blit l'Ordre de St. Ruf (1), ſi célebre dans l'Égliſe par les grands hommes, les Prélats illuſtres, les Papes même qu'il a produits. Nous

---

(1) » L'abbaye de St. Ruf, dit le Pere du » Molinet ,s'éleva ſur les ruines de la régula-» rité de la Cathédrale d'Avignon , car les » Chanoines voulant quitter la vie commune » que leurs ancêtres avoient toujours prati-» quée , quatre d'entr'eux refuſerent généreu-» ſement & demanderent l'Egliſe de ſaint Ruf, » pour y continuer leurs exercices « Molin. Chan. régul. p. 39.

voyons encore à nos portes les débris refpectables de fon berceau. Si St. Ruf Fondateur de l'églife de ce nom eft le Titulaire de cet Ordre fameux; Saint Agricol, en remontant à l'origine primitive , peut bien en être regardé comme le premier Fondateur.

Il fit un double bien en appellant dans la Ville les faints folitaires dont nous avons parlé ; il ménagea par-là de grands fecours à fon Peuple , & retira ceux d'entr'eux avec qui il pouvoit avoir lié une amitié plus étroite pendant fon féjour dans l'abbaye de Lérins , il les retira , dis-je , des troubles dont cette communauté fut agitée quelques années après fon départ ; le faint Abbé Aigulphe , ( 1 ) vulgairement appellé

_______________________________

( 1 ) Il fut martirifé avec trente-deux de fes

Ayoü, en fut la victime ; & ils ne finirent pas vraisemblablement avec lui.

Cet établissement étoit bien digne du zele qu'avoit Agricol pour la gloire de Dieu ; il faisoit de plus honneur à la bonté de son cœur. Suivant une ancienne tradition, il fit encore bâtir plusieurs chapelles, ou petites églises, qui devinrent dans la suite plus considérables ; savoir, les églises de St. Pierre, de St. Didier, de St. Genest & de St. Symphorien dans la ville d'Avignon ; & dans son territoire une abbaye qui portoit son nom, & qui a été depuis long-tems emportée par les débordemens de la Durance. ( 1 )

---

compagnons dans l'Isle Amatis entre celles de Sardaigne & de Corse le 3 Septembre 676.

( 1 Selon le Pere Eusebe, c'est la même dont

Ce fut environ l'an fix cent quatre-vingt-dix que Saint Agricol fit les établiſſemens dont nous venons de parler , ſous le pontificat de Sergius I. & le regne de Thierri III.

Ces fortes d'inſtitutions étoient fréquentes dans ce tems-là. Environ fix ans auparavant , c'eſt-à-dire , en l'année fix cent quatre-vingt-quatre , il avoit aſſiſté à une fondation à peu-près ſemblable , que Petroin Évêque de Vaiſon fit dans le territoire de Malaucene près du mont-Ventoux , ſur une éminence d'où ſort la fontaine de Groſel ou Groſeau : cet Évêque voulut y fonder un monaſtere ( 1 ) en l'honneur de St. Victor & de

---

nous avons déja parlé , & il n'y en a point eu d'autre.

( 1 ) Il eſt connu par le ſéjour qu'y a fait le

St. Pierre : pour rendre cette fondation plus folemnelle, il affem-
bla huit Évêques fes comprovinciaux, parmi lefquels on trouve
Aghiacus ou Aglicus : on croit avec
raifon que c'eft notre Saint Agricol ; le nom d'Aghiacus ou Aglicus, qu'on prononçoit alors comme
s'il y avoit Aghiacous, ou Aglicous
approchant fort de celui d'Agricou
que le langage vulgaire donnoit ici
autrefois à notre Saint Patron. (1)

Pape Clément V. dont nous avons plufieurs
Bulles datées de ce Prieuré.

(1) Ce qui prouve qu'anciennement on
prononçoit les *u* comme les Italiens, c'eft-à-
dire, comme s'il y avoit *ou*, c'eft que dans
nos livres de Chœur un peu anciens on trouve
*michi* & *nichil* conformément à la prononcia-
tion italienne, au lieu de *miki* & *nihil*, comme nous prononçons à préfent. Outre cela
dans le langage vulgaire du pays, pour dire
un homme pieux, nous difons *pious*, qui eft
évidemment le *pius* des Latins, qu'ils pro-

Ce

Ce fut lui encore qui introduisit dans l'Église d'Avignon l'usage de chanter l'Office divin alternative-ment & à deux chœurs : cet usage avoit commencé à Antioche ; * le Pape St. Damase l'établit dans la suite à Rome , & St. Patient dans l'Église de Lyon ; mais il a régné dans notre Ville, avant que le Roi Pepin l'introduisît en France.

Après ces divers établissemens & beaucoup d'autres peut-être , que l'histoire ne nous a pas trans-mis ( 1 ) , Agricol sentant appro-

---

nonçoient comme s'il y avoit *pious* , comme les Italiens & plusieurs autres nations le pro-noncent encore aujourd'hui. Je pourrois citer mille autres exemples dans ce genre ; ainsi il doit paroître constant que l'Aglicus dont nous venons de parler est notre Saint Agricol.

( * ) Hist. Eccl. T. 3. liv. 12. p. 390.

( 1 ) Elle étoit alors muette, selon l'expression d'un auteur du siecle passé. *Tam muta hoc tem-*

cher fa fin , comprit qu'il devoit employer les années de vie qui pouvoient lui refter encore , à fe préparer à bien mourir. Il avoit fans ceffe devant. les yeux cette fentence de notre Seigneur Jefus-Chrift , qui dit à tous , mais furtout à ceux qui font chargés de la conduite des autres : heureux le ferviteur que le maître à fon arrivée trouvera vigilant & fidele. Dans cette penfée qui l'occupoit continuellement , il s'appliqua avec un renouvellement de zele & de ferveur à la pratique des

---

pore *Francorum hiftoria , ut veteres Gallos credas qui fatagerent præclara facere magis quam fcribere.* joan. de Buffieres *Hift.Francica lib.* 3. C'eft-à-dire , l'Hiftoire de France de ce tems-là eft tellement muette , qu'on peut dire que les anciens Gaulois fe foucioient beaucoup plus de faire de grandes & belles chofes que de les écrire.

bonnes œuvres , & à remplir tous les devoirs d'un saint Évêque. Il veilloit sans cesse sur lui-même & sur son Peuple ; ses prieres étoient plus longues & presque conti-nuelles , ses jeûnes plus fréquens.

Toutes les vertus pratiquées constamment depuis un si grand nombre d'années , tant de travaux entrepris pour le bien de son Église & couronnés par le succès , de-voient sans doute lui inspirer une grande confiance à la fin de ses jours , & lui faire envisager d'un œil tranquille & content la mort qui alloit lui ouvrir le Ciel ; ce-pendant il étoit pénétré d'une frayeur religieuse à la pensée des jugemens de Dieu : son humilité profonde lui faisoit fermer les yeux sur toutes ses bonnes œu-vres  & ne lui faisoit appercevoir que les fautes qu'il pouvoit avoir commifes. C'eſt pour cela qu'il implora les prieres de ſon Clergé & de ſon Peuple , & qu'il recommanda à l'Abbé du monaſ-tere qu'il avoit fondé , de ne l'ou-blier jamais dans ſes prieres , & ſur-tout dans la célébration du ſaint ſacrifice de la Meſſe ; mais il ne borna pas là les ſaintes pré-cautions que ſon humilité lui inſ-piroit pour jouir plutôt de la pré-ſence de Dieu & de la gloire éternelle , il fonda encore une Meſſe ſolemnelle dans ſa Cathé-drale , pour être célébrée à per-pétuité pour le repos de ſon ame; ʃaiſſant ainſi à ſon Peuple un exemple touchant de l'humilité chrétienne & de ſa confiance en la vertu & au mérite du ſacri-fice auguſte de nos autels.

Agricol s'occupant ainsi de sa derniere heure, ne pouvoit être surpris par la mort; &, comme il arrive ordinairement aux ames justes, sa confiance filiale envers Dieu prenant enfin le dessus, loin de la craindre, il la desiroit; parce qu'il savoit qu'il servoit un bon maître : il se rassuroit sur sa miséricorde, & souhaitoit ardemment, comme l'Apôtre St. Paul, la dissolution de son corps, pour être plutôt avec Jesus-Christ. Ce moment heureux pour lui approchoit de jour en jour, & il le voyoit avec joye; mais avant de mourir il voulut, à l'exemple de son bienheureux pere, se faire désigner un successeur.

Saint Vérédême, qui vivoit en hermite dans le voisinage, lui parut le plus digne de remplir la sege : & c'est sur lui qu'il fit tomber tous les suffrages, en lui donnant le sien, dans l'assemblée du Clergé & du Peuple qu'il convoqua pour délibérer là-dessus, suivant la coutume de ce tems-là.

Après avoir pourvu à la sureté de son troupeau, en se faisant nommer un digne successeur, il légua tous ses biens à son Église & à la très-sainte Vierge à qui elle est dédiée ; nous faisant ainsi connoître la dévotion particuliere dont il l'avoit toujours honorée ; il affranchit tous ses esclaves & les récompensa libéralement, & nommément celui en qui il avoit plus de confiance & qu'il avoit chargé du soin de ses affaires temporelles.

Quelques jours avant sa mort il exhorta pour la derniere fois fon Clergé & fon Peuple à la pratique des vertus chrétiennes. & à la fuite du péché : il l'inftruifit des dangers de la fréquentation du monde , de la vanité de fes plaifirs , & de la félicité folide & à jamais durable dont jouiffent les Saints ; & c'étoit avec ce renouvellement de tendreffe qu'on devoit attendre d'un pafteur auffi zélé. Enfin chargé de mérites & de bonnes œuvres , il expira avec une tranquillité femblable à celle du fommeil , & alla fe repofer dans le fein de Dieu , en qui il avoit mis toutes fes affections & toutes fes efpérances. Sa mort arriva le fecond jour du mois de Septembre ( 1 ) de l'année fept cent, la

______

( 1 ) M. le Marquis de Cambis-Velleron poffede dans fa grande & belle Bibliotheque un manufcrit précieux intitulé *de Compoto* du

foixante & treizieme de fon âge & la quarantieme de fon Épifcopat, fous le regne de Childebert III. & le pontificat de Sergius I.

Toute la Province fut confternée de la mort d'un Prélat qui

---

Comput eccléfiaftique. Ce manufcrit eft du commencement du onzieme fiecle ; il contient plufieurs pieces curieufes, enrichies de notes intéreffantes ; on y trouve un petit martyrologe pour le cours de l'année : dans ce martyrologe il eft fait mention au fecond jour de Septembre de *Saint Agricol Évêque d'Avignon* en ces termes : *Avenione Sancti Agricoli Epifcopi.* C'eft le plus ancien & le plus authentique monument que je connoiffe, où il foit fait mention de ce faint.

Ce manufcrit eft *in-folio.* Les caracteres font *Carlovingiens*, ou petits *Romains*, très-lifibles, peu chargés d'abréviations. C'eft l'ouvrage d'*Arnoul* ou *Arnulphe* Écolâtre de l'abbaye de faint *André* d'*Avignon* au commencement du onzieme fiecle. *Arnulphus fragilis monachus hunc librum fcripfit.* il le termina dans la même année mille vingt-fix qu'arriva la mort de la Comteffe Adalax. *in quo felix Adalax Comitiffa dormivit in pace.* Ce devoit lui être si cher & si vénérable par les preuves éclatantes de zele & de sainteté qu'il y avoit données. La Ville d'Avignon fut toute en deuil, la désolation y fut générale. Elle pleuroit & regrettoit son appui, son pasteur & son pere, les malheureux leur protecteur, les affligés leur consolateur, ceux qui étoient en procès leur médiateur; en un mot, tous ressentoient & déploroient également la perte qu'ils venoient de faire.

Le jour de ses funérailles il y eut un concours extraordinaire du Peuple & des Grands : les différens corps de la ville accompagne-

---

font les propres expressions de l'auteur. *Adalax, Alix* ou *Adélaide* d'Anjou étoit veuve de *Guillaume* premier du nom, Comte de Provence & d'Avignon.

rent le facré dépôt qui fut porté honorablement dans l'églife de Notre-Dame des Doms, fuivi de tous les habitans ; on l'inhuma, comme il l'avoit defiré, dans la Chapelle de St. Pierre, dite depuis du St. Rofaire, & à préfent de St. Jofeph, à l'endroit où il y a une grille de fer, telle qu'on avoit coutume de mettre fur les Tombeaux des Saints ( 1 ), pour en tirer la terre, ou pour toucher leurs facrés offemens : cette grille s'y trouve encore.

On ne peut dire combien le

______

( 1 ) C'étoit anciennement la coutume de faire au fépulchre des faints de ces fortes de fenétres de fer, au travers defquelles on pût découvrir leurs Reliques, ainfi que Grégoire de Tours le remarque du tombeau de faint Pierre & de celui des faints Vénérable & Népotien. *Lib.* 1. *de Mirac. cap.* 28. *glor. Conf. cap.* 37.

Seigneur opéra de miracles par la vertu de la pouſſiere qui couvroit le cercueil de Saint Agricol. Les habitans d'Avignon s'apperçurent bientôt après ſa mort par ceux qu'il opéra en leur faveur, qu'ils avoient un protecteur puiſſant dans le Ciel, ce qui augmenta & étendit le culte que l'on commença dès-lors à lui rendre. Pluſieurs Chapelles furent en peu de tems érigées en ſon honneur. On lui en dédia une entr'autres aux environs de Roquemaure que l'on voit encore aujourd'hui ; c'eſt-là que tous les Samedis le peuple accouroit en foule de toute part ; on y amenoit toute ſorte de malades, & même les poſſédés du Démon ; ils étoient tous guéris & délivrés ; ils attribuoient leur guériſon & leur délivrance à

l'intercession de Saint Agricol &
s'en retournoient en chantant ses
louanges. Les actes des visites du
Diocese font foi de ces miracles.
Il est encore honoré à Savoüillan
dans le Comté-Vénaissin comme
Patron de la paroisse, où sans
doute il a donné des marques de
son crédit auprès de Dieu ( 1 ).

Mais s'il a fait sentir à des étran-
gers & à des villes voisines les
salutaires effets de sa protection
& de son pouvoir auprès de Dieu,
il n'a pas oublié Avignon sa chere
patrie, qui l'a toujours reconnu
pour son protecteur. Il seroit bien
à souhaiter que l'on eût conservé

---

( 1 ) Saint Agricol avoit encore une Chapelle à Loubieres *de Lupariis.* Urbain II. en
fait mention dans sa Bulle datée d'Avignon
en 1096 , addressée aux Chanoines de la Cathédrale dont il spécifie les biens.

avec

avec foin la mémoire de tous les miracles qu'il a opérés dans cette ville en faveur de fes habitans, foit pendant fa vie, foit après fa mort & dans la fuite des tems; mais, comme nous l'avons déja remarqué, ( * ) les anciens Gaulois fe mettoient peu en peine d'écrire; & d'ailleurs, comme il arrive encore ordinairement, ceux fous les yeux de qui les faits arrivent, fe contentent de les favoir, fans penfer que ceux qui viendront après eux, puiffent jamais y prendre intérêt, ou avoir la curiofité d'en être inftruits; ou peut-être s'imaginent-ils que la tradition & la renommée les conferveront : dans cette perfuafion ils meurent, & la plupart des faits

-----

( * ) Note Premiere *pag.* 37.

E

dont ils avoient été témoins, meurent, pour ainsi dire, avec eux, en tombant dans un oubli profond; & les années s'accumulant sur les années, en effacent insensiblement jusqu'aux moindres traces: ainsi se perd souvent le souvenir des faits, des miracles même les plus authentiques dans le tems qu'ils ont été opérés.

Tous ceux cependant qui ont rendu notre Saint célebre, n'ont pas eu le même sort; la tradition, d'anciens manuscrits & les actes de sa vie qui en sont tirés, nous en ont conservé plusieurs que nous allons rapporter.

Vers l'an sept cent trente, c'est-à-dire, environ trente ans après la mort de Saint Agricol, les Sarrazins, plus animés de la fureur de détruire notre sainte Religion,

que de l'amour de la gloire &
même du defir de s'enrichir par
le pillage , vinrent fondre fur
Avignon ; ils s'en emparerent par
la trahifon de Maurice Comte de
Marfeille , qui les avoit attirés en
France. ( * ) Charles Martel, qui
étoit alors le Sauveur de ce royaume , en ayant eu avis , vint affié-
ger cette Ville & la reprit d'af-
faut ; il remporta en cette occafion fur les ennemis du nom chré-
tien une victoire fi complete , &
en fi peu de tems , qu'elle parut
miraculeufe , & la plupart des auteurs anciens en parlent comme
de la prife de Jéricho. ( ** ) La
tradition nous apprend qu'il fut
puiffamment fecondé des Avignonois , & que ceux-ci attribuerent

---

( * ) Joan. de Buffieres. *Hift. Franc.*
( ** ) Fredegarius Scolafticus & autres.

cette victoire à l'intercession de
Saint Agricol : (1) ce qui prouve

---

( 1 ) Ces sortes de miracles de protection
n'étoient pas rares dans ce tems-là : nous
voyons dans l'histoire de l'Eglise que l'an
774. les Saxons , alors encore payens , étant
entrés avec une grande armée sur les terres
des François , & voulant bruler une Eglise
bâtie par St. Boniface , où les François s'é-
toient réfugiés , ne purent y mettre le feu
ni par dehors , ni par dedans , & qu'ils s'enfuirent épouvantés , dit M. Fleury , » sans que
» personne les poursuivit. On dit que de part &
» d'autre , tant des payens que des chrétiens ,
» on vit deux jeunes hommes vêtus de blanc
» qui défendoient cette Eglise ; on trouva pro-
» che un Saxon mort après la retraite des au-
» tres , à genoux avec du bois & du feu en-
» tre les mains , comme prêt à souffler pour
» l'allumer.

» L'an 776. les mêmes Saxons , continue
» M. Fleury , attaquant le château d'Eres-
» bourg , plusieurs , tant dehors que dedans ,
» assurerent avoir vu deux Ecus rouges & flam-
» boyans agités sur l'Eglise. Epouvantés de ce
» prodige , ils s'enfuirent en confusion vers leur
» camp se tuant l'un l'autre. Charlemagne étant
» ensuite entré sur leurs terres , ils vinrent

en même tems & la protection de ce Saint en faveur de nos Peres, & leur confiance en son pouvoir dans le Ciel, & le culte qu'ils lui rendoient dès-lors.

La Ville d'Avignon se souvient encore avec reconnoissance, & n'oubliera jamais que c'est par la protection de ce grand Saint qu'elle a été garantie plusieurs fois des invasions & des surprises de ses ennemis; que s'ils ont formé des desseins contre elle, ils n'ont pu les exécuter; un flambeau lumineux que l'on a vu, lorsqu'ils étoient à ses portes pour en faire le siege, briller sur ses remparts, comme nous le rapporterons plus bas, a toujours paru un signe bien

» se rendre à lui & promirent de se faire chré-
» tiens ; ce qu'ils exécuterent cette année &
» la suivante. « *Hist. Ecclés.* l. 44. T. 9. p. 484.

remarquable du zele de son Patron pour sa défense.

L'an mille quatre cent quatrevingt , l'incertitude de quelques
limites ayant occasionné un grand
procès entre la Ville & le Chapitre de Saint Agricol : les Consuls , les Chanoines , avec les
Juges de la Cour de St. Pierre ,
accompagnés de plusieurs personnes de distinction , se trans-
porterent sur les lieux : ils n'y furent pas plutôt arrivés, qu'ils virent
parcître à l'instant deux Cigognes,
qui , volant & revolant autour des
limites contestées , les firent découvrir, & par-là le procès fut fini. ( 1 )

_______________________

( 1 ) » Sur le champ, dit M. Rolland Wallet
» qui étoit présent , apparurent des oiseaux
» semblables à ceux qui se souloient peindre
» ez armoiries de Saint Agricol , nommés
» *Ibides* : iceux firent deux ou trois volées au-

Un événement aussi singulier & si peu attendu, fut regardé comme un prodige ; & ceux qui en furent témoins, & ceux qui l'entendirent raconter, tous s'accorderent à en faire honneur à Saint Agricol : l'on fut si persuadé qu'il en étoit l'auteur, & la dévotion envers lui se renouvella avec tant de zele, qu'il fut résolu de lui bâtir une nouvelle Église plus grande & plus magnifique ; ce qui fut exécuté ; c'est celle qui subsiste aujourd'hui. Nous parlerons plus bas dans un plus grand détail des suites de cet événement.

---

» tour des limites débattues, comme désignant » le droit de St. Agricol ; & cela, d'un com- » mun accord de toutes les parties, mit fin à » la conteste. « Celui qui a rédigé les actes de ce Saint, dit que des pieces authentiques signées par plusieurs témoins attestoient ce Prodige :

Ce ne fut pas un aveugle enthousiasme qui fit attribuer ce miracle à notre Saint; on en eut une raison qui paroît assez bien fondée : c'est que long-tems auparavant, & selon un autre sentiment, pendant sa vie même, il avoit délivré la ville & la campagne d'une multitude innombrable de ces mêmes oiseaux & d'une grande quantité de serpens; l'infection que causoient les restes de ces reptiles qui s'y corrompoient, & le dégât que faisoient les Cigognes dans la campagne, obligerent les Avignonois de recourir à lui. Ce ne fut pas en vain : l'infection cessa bientôt; & les Cigognes & les serpens disparurent.

---

On voit dans les anciennes images qui le représentent trois Cigognes volant dans un alignement direct.

Ce fait miraculeux, confervé par la tradition du pays , perfuada , fans doute , à ceux qui virent reparoître ces oifeaux, qu'ils étoient envoyés par Saint Agricol ; car ils formoient alors les armoiries de fon Églife , & c'étoit depuis ce premier miracle & pour en conferver la mémoire.

On avoit encore voulu le perpétuer par un fpectacle qu'on donnoit chaque année le jour de la fête du Saint : fpectacle digne de la fimplicité de ce tems-là , & affez amufant , mais dangereux , & qui fut en effet fouvent funefte à plufieurs.

Comme ce fpectacle eft un monument authentique de la vérité du premier miracle , nous croyons devoir en faire la defcription pour ceux qui ne l'ont pas vu , & pou

ceux qui viendront après nous.
La voici :

Suivant un usage immémorial,
on dreſſoit tous les ans, le jour
même de la fête de Saint Agricol, dans la petite place qui eſt
au bas du grand eſcalier de ſon
Égliſe, un arbre qui s'élevoit juſqu'au niveau des toits. On avoit
ſoin d'en oindre de haut en bas
la ſurface, déja fort unie, de tout
ce qu'on jugeoit le plus propre à
la rendre gliſſante. Au haut de
l'arbre étoit une cage, où l'on
avoit enfermé deux Oyes, ſup-
plément des Cigognes, qu'on ne
voit plus dans le pays, depuis
que notre ſaint Patron les en a
chaſſées par le prodige auquel on
croyoit, ſans doute, faire une re-
ligieuſe alluſion en donnant le
ſpectacle dont nous parlons. Les

concurrens efcaladoient cet arbre
extrêmement gliffant , fans autre fecours qu'un peu de fable &
quelques cordelettes dont ils s'ai-
doient , comme ils pouvoient ,
pour parvenir à portée de rom-
pre à coups de hache les barreaux
de la cage. Outre la difficulté de
cette opération dans la violente
attitude qu'on devine aifément, les
Oyes qu'ils devoient emporter,
comme faifant partie du prix de
leur adreffe , effarouchées par le
bruit & par la peur d'être faifies ,
les obligeoient , en fe débattant ,
à de nouveaux efforts , par lefquels les enlevant enfin , le vain-
queur, tout tranfporté de joye , fe
laiffoit couler facilement le long de
l'arbre , au milieu des acclama-
tions du peuple. Le fuccès ne
couronnoit pas toujours l'entre-

prise : il est même arrivé plus d'une fois que des mal-adroits en ont été la victime ; & cela arriva malheureusement l'an mille sept cent trente-sept ; ce qui fut cause que **M.** de Gonteriis Archevêque de cette Ville , comptant que la tradition conserveroit la mémoire de ce premier miracle sans le secours d'un pareil spectacle ; & n'y trouvant rien d'ailleurs qui pût contribuer à la gloire du Saint & à l'édification des fideles , le proscrivit pour toujours l'année suivante. ( 1 )

Lorsque les ennemis de la Religion ont voulu éteindre ou obs-

------

( 1 ) Cet illustre & saint Prélat dit dans son Ordonnance qui est du 29 Mai , que le spectacle qu'elle défend , n'avoit été établi que pour rappeller le souvenir d'un miracle opéré par l'intercession de St. Agricol en faveur de nos Peres.

curcir la Foi qu'Avignon avoit reçue dès le premier siecle du Christianisme, comme ils avoient fait
dans les provinces voisines, après
avoir massacré les Prêtres, renversé
les Autels, profané les Sacremens
& détruit les Églises ; une protection céleste a renversé tous leurs
projets & fait échouer toutes leurs
entreprises contre cette Ville.

Ce fut sur-tout en l'année mille
cinq cent soixante & quatorze,
lorsque les Calvinistes entrepri-
rent d'en former le siege, pour
en faire, comme de tant d'autres,
le théatre affreux de toute sorte
d'horreurs, & y détruire la vraie
croyance sur la sainte Eucharis-
tie. Malgré les intelligences qu'ils
avoient dans la Ville, & les ruses
qu'ils mirent en usage pour la sur-
prendre, ils ne purent y entrer,

F

ni même s'établir dans son voisinage. Les Élémens combattirent
pour nous dans cette occasion :
le Rhône & la Durance se débor-
derent, pour ainsi dire, de con-
cert & à point nommé, & leurs
eaux réunies, en se répandant
dans la Ville, non seulement gâ-
terent les poudres des conjurés &
firent découvrir leurs magasins
d'armes ; mais encore les force-
rent eux-mêmes de sortir de leurs
retraites. Outre cela des feux al-
lumés au milieu de la nuit par
une main invisible, avertirent ceux
qui veilloient au salut de la Ville
du danger qu'elle couroit.

C'étoit un phénomene lumineux qu'on appella la Fausse-ron-
de, & qui sous la figure d'un flambeau, faisoit réguliérement le tour
de nos murs & tenoit tout le

monde fur fes gardes ; il s'éteignoit enfuite de lui-même & difparoiſſoit. ( 1 )

C'eſt ainſi que la ville d'Avignon, par la protection de Saint Agricol, à qui elle ( 2 ) attribua ce prodige, avec tous les auteurs qui en ont parlé, fut préfervée des ravages affreux & des malheurs

---

( 1 ) Ainſi le rapportent les auteurs, parmi leſquels il en eſt un fort grave , * qui nous eſt étranger , & qui ne parle de cet événement, que fur la dépoſition d'un témoin oculaire , homme très-grave lui-même. Celui qui a recueilli les actes de notre Saint aſſure également qu'il l'a vu , & que la plupart de ceux qui l'avoient vu comme lui , vivoient encore lorſqu'il le rapportoit.

* Arn. Sorbin. Hiſt. de Charles I X.

» ( 2 ) *Quod quidem miraculum licèt nulla de* » *illo monimenta fidem faciant , tamen huic* » *divo Agricolo tota civitas adfcripfit.* « *Act. S.* *Agric.*

» Quoiqu'il n'y ait aucun monument qui » conſtate ce prodige , cependant toute la » ville l'attribua à Saint Agricol. «

que les villes voisines avoient
éprouvés, & qui avoient été an-
noncés par divers présages ef-
frayans, & sur-tout par une pluie
de sang, que l'on avoit vu tomber
à l'Isle, ville du Comté-Vénaissin,
& dans plusieurs autres endroits
le dix & le onze de Juillet de
l'année précédente.

Ce n'est point sans doute une lé-
gere faveur du Ciel que cette Ville
ait conservé jusqu'à présent la Foi
& la pureté du Christianisme que
Ste. Marthe lui avoit apporté.
Mais outre ces bienfaits dans l'ordre du salut, dont elle se croit redevable à son bienheureux protecteur, il en est encore qui ont eu
pour objet le bien temporel de ceux
qui l'ont invoqué avec confiance.
La guérison miraculeuse opérée
incontestablement par son inter-

ceffion en faveur de M. Raymond Vinai , Orfevre de cette Ville , en eft un que je ne dois pas paffer fous filence.

L'an mille fix cent quarante-trois il fut attaqué d'une fievre maligne des plus dangereufes , accompagnée des plus funeftes fymptomes. Le jour de la fête de Saint Agricol , le malade fut réduit à l'extrêmité. Les méde-cins , après avoir inutilement épuifé toutes les reffources de leur art , l'avoient abandonné , & défefpéroient de fa guérifon. Com-me la proceffion que l'on fait ce jour là paffoit devant fa maifon, il entendit quelque bruit & de-manda ce que c'étoit. On lui ré-pondit que la proceffion de Saint Agricol paffoit. Dans le moment pénétré d'une vive confiance envers ce Saint, il l'invoqua avec ferveur, promettant d'entretenir en son honneur un pauvre garçon, & de lui apprendre tout ce qui étoit du reſſort de ſa profeſſion, s'il plaiſoit à Dieu, par ſon interceſſion, de lui rendre la ſanté & la vue qu'il avoit perdue pendant ſa maladie. Il n'eut pas plutôt fait ſon vœu & fini ſa priere, qu'il ſe ſentit exaucé. A l'inſtant les forces lui revinrent, il s'aſſit ſur ſon lit & ſoupa avec appétit; il recouvra en même tems la vue, & publia par-tout qu'il avoit été guéri par l'interceſſion de Saint Agricol.

Je pourrois rapporter encore pluſieurs exemples de guériſons que les malades ont regardées comme miraculeuſes, & qu'ils ont attribuées à l'interceſſion de ce

grand Saint , ayant même donné
& laiffé des marques publiques
de leur piété & de leur reconnoiffance. Mais ces miracles pieu-
fement crus , n'ont pas paru affez
authentiques pour tenir place dans
cet ouvrage. Ainfi fans faire mention d'un grand nombre de faveurs particulieres que beaucoup
de perfonnes ont cru , fans doute
avec quelque fondement , avoir
reçues de notre Saint Patron , foit
dans l'ordre de la nature & pour
leur bien temporel , foit dans
l'ordre de la Grace & pour leur
fanctification , je me contente
d'obferver en général que dans
les calamités publiques , dans les
tems de pefte , de guerre & de
difette , d'inondation & de féchereffe , il a toujonrs fait reffentir
à cette Ville les falutaires effets

de sa puissante protection ; & il
n'est presque jamais arrivé qu'on
ait porté solemnellement en procession son Chef sacré, sans obtenir dans la neuvaine pour le plus
tard, ce que l'on demandoit à
Dieu par son intercession. De sorte
qu'il semble que les nuages, l'air
& tous les élémens soient sou-
mis à ses ordres en notre faveur ;
& que la pluie tombe ou s'ar-
rête à sa volonté, selon nos besoins. Il n'est presque point d'année qui ne soit marquée par quelqu'un de ces heureux événemens.
Je crois devoir en rapporter un
arrivé, il y a environ quinze ans,
auquel je pourrois avec raison
donner le nom de miracle ; le
voici en peu de mots.

L'an mille sept cent cinquante-
cinq dans le mois de Mai, des

vents arides défoloient nos campagnes, la féchereffe y regnoit depuis long-tems ; la tempête étoit fi violente, que M. l'Archevêque avoit ordonné des prieres pour en obtenir la ceffation : on difoit à toutes les meffes l'oraifon *ad repellendas tempeftates. Pour diffiper les tempêtes.* Le befoin de la pluie étoit très-preffant : toutes les récoltes euffent manqué, fi le Ciel eût continué encore quelque tems d'être pour nous un ciel d'airain & fans nuages. Dans cette extrêmité, l'on recourut à Saint Agricol : le vingt-un du même mois, on expofa fon précieux Chef fur le Maître-Autel de fon Églife ; on s'y rendit en foule & avec le plus grand empreffement ; on l'invoqua avec confiance, & le même jour le

vent ceffa. ( 1 ) le vingt-deux même foule , même empreffement ,
même confiance , & les nuages
s'avancerent & s'étendirent de
tout côté. Le vingt-trois on porta folemnellement en proceffion
le bufte facré , accompagné d'une
multitude extraordinaire de fideles , & au moment qu'on l'eut
remis dans fon Églife , il tomba
une pluie douce d'abord , enfuite
abondante , telle , en un mot , que
nos campagnes la demandoient :
circonftance miraculeufe qui n'é-
chappa point aux fpeétateurs ra-

---

( 1 ) Les efprits prétendus forts , les ir-
réligieux & mauvais plaifans ne pourront pas
dire en cette occafion , comme ils font ordinairement , que l'on n'a recours à Saint
Agricol pour obtenir la pluie , que lorfque
le tems y paroît difpofé ; puifqu'il eft certain qu'il faifoit alors une tempête horrible
caufée par un vent de bife qui , dans cette
faifon fur-tout , ne nous donne pas de la pluie.

vis d'admiration & de joye , & dont pourroient rendre témoignage un nombre infini de personnes qui avoient suivi la procession , ou que leur piété & leur dévotion envers notre Saint avoient attirées dans son Églse , & qui furent agréablement surprises en entendant tomber cette pluie si desirée & si nécessaire , pendant qu'on faisoit les prieres accoutumées avant la bénédiction du très-faint Sacrement , qui termine cette pieuse cérémonie. ( 1 )

---

( 1 ) Je n'en ferai pas la description , parce que depuis quelques années on l'a faite , & on la fera , sans doute ,encore affez souvent, pour que chacun puisse s'en instruire par lui-même.

Anciennement dans les tems de séchereffe , on portoit en procession la chasse qui contient le Chef de St. Agricol sur le bord du Rhône , & la pieuse simplicité de nos Peres , qui étoit également exaucée , l'y faisoit plonger à moitié: 

Lon fut si perfuadé que cette pluie , miraculeufe dans fes circonftances , étoit une nouvelle marque de la protection de Saint Agricol, qu'on en rendit à Dieu & à ce Saint des actions de grace générales & extraordinaires : tous les Chapitres de la Ville , excepté celui de la Métropole , vîurent chanter dans fon Églife une meffe folemnelle en fon honneur ; l'éloquence facrée voulut auffi célé-

---

Cet ufage , dont on ignore le commencement , a duré jufqu'après le milieu du dernier fiecle. M. de Monconis dans la feconde partie de fes voyages , imprimée en 1666 , s'exprime dans les termes fuivans : » M. Chau- » veau me dit avoir vu en l'année 1652 ou » 1653 tremper les pieds dans le Rhône en » Avignon à la figure de St. Agricol , & qu'à » l'inftant, contre toute apparence , faifant » un grand vent droit du côté du Nord , il » fit une fi horrible pluie , qu'en quatre heu- » res toute la campagne fut inondée. « 3e. voyage d'Italie. p. 450.

brer

brer ce bienfait ; & M. Mazelli, alors Capiscol du Chapitre, ( 1 ) qui porte le nom de notre Saint, crut devoir profiter de l'impression ( 2 ) que cette marque éclatante de sa protection avoit faite sur les esprits, pour exciter toujours davantage la dévotion envers lui. Le Dimanche suivant il fit un discours sur cette matiere avec cette éloquence facile & naturelle qui a fait & fait encore tant de fruit dans la Ville.

Comme nous ne voulons rien omettre de ce que nous avons pu découvrir concernant le culte & la gloire de notre Saint Patron, nous allons rapporter plu-

( 1 ) Il est à présent Chanoine à la Métropole par la protection de Mgr. l'Archevêque, juste appréciateur du mérite.

( 2 ) Nous parlerons ailleurs des suites qu'elle a eues.

G

fieurs faits qui n'ont pu trouver place dans le corps de fon hiftoire ; ils ont fi peu de liaifon entr'eux, les époques en font fi éloignées les unes des autres, que, pour les y faire entrer, il auroit fallu trop couper la narration : nous les expoferons ici de fuite, pour fatisfaire, autant qu'il eft en nous, la pieufe curiofité de nos concitoyens, à qui rien de ce qui peut intéreffer la gloire de Saint Agricol ne fauroit être indifférent.

Du culte de St. Agricol, de ce qui s'eft fait en fon honneur & des tranfla- tions de fes pré- cieufes Reli- ques.

Le culte de notre faint protecteur commença, comme nous avons dit, d'abord après fa mort ; les miracles qu'il opéra en faveur de ceux qui le lui rendirent & qui avoient une confiance particuliere en fon pouvoir dans le Ciel, contribuerent à étendre ce culte, à l'augmenter, à le rendre plus magnifique, & engagerent l'Églife à l'autorifer. Nous avons lieu de croire que ce fut alors, parce que nous ne voyons pas qu'il l'ait été dans des tems poftérieurs; & l'on ne trouve nulle part en quelle année Saint Agricol a été canonifé. ( 1 )

Depuis la célebre victoire attribuée à fon interceffion, que Charles Martel, fecondé des Avignonois, remporta fur les Sarrazins, jufqu'en mille trois cent vingt-un, l'on ne voit aucun veftige de fa protection, ( 2 ) ni au-

( 1 ) Il étoit déja reconnu pour Saint au commencement du onzieme fiecle, fuivant le Martyrologe que nous avons cité p. 43e.

( 2 ) Le fpectacle des Oyes, qu'on donnoi autrefois le jour de la fête de Saint Agricol, fe donnoit peut-être alors & même plus ancien-

G 2

cun monument du culte particulier que nos Peres lui rendoient.
Néanmoins ce que nous trouvons
après cette époque ne nous permet pas de douter ni de l'un ni
de l'autre, même pendant cet ef-
pace d'environ fix cens ans qu'il
y a depuis cette fameufe victoire
jufqu'au tems dont nous allons
parler.

Le Pape Jean XXII. qui avant
que d'être fuccesfeur de St. Pierre,
l'avoit été de Saint Agricol, lui
donna des marques fi extraordinaires & fi authentiques de la
dévotion qu'il avoit pour lui,
qu'il faut croire nécessairement
qu'il n'a pas été le premier à l'honorer ainfi; & que le culte du Saint
Évêque étoit déja bien établi.

---

nement; car on ne fauroit affigner le tems où
l'on a commencé de le donner.

Cet illuſtre Souverain Pontife occupant le Saint Siege dans Avignon en mille trois cent vingt-un, pour augmenter encore le culte & la dévotion envers Saint Agricol, & pour lui donner en même tems une marque éclatante de celle dont il l'avoit toujours honoré , fit d'abord aggrandir & embellir l'Égliſe qui portoit ſon nom ; il y fit enſuite transférer ſes précieuſes Reliques ( 1 ) & celles de St. Magne avec beaucoup de pompe & de ſolemnité : il y fonda le vénérable Chapitre qui l'occupe avec tant de gloire & d'édification , & qui depuis ce tems-là s'eſt mon-

_____

( 1 ) Le vénérable Chapitre de la Cathédrale, en cédant le corps de Saint Agricol , s'en réſerva quelques petits oſſemens ; ils ſont dans un Reliquaire de vermeil , que le Célébrant porte à la proceſſion de St. Marc & à celles des Rogations.

tré si zélé pour rendre le culte de son Saint Titulaire toujours plus décent & plus magnifique. Les saints Corps y furent placés dans une caisse de bois doré sous le Maitre-Autel ; on mit à côté l'inscription suivante , bien remarquable par sa simplicité ; nous avons tâché de l'imiter dans la traduction que nous en avons faite ( 1 ) pour ceux qui n'ont pas l'intelligence de la langue latine ; la voici :

*Vir pius & sanctus, re magnus, nomine Magnus*
  *Insignem genuit religione Virum ,*
*Agricolam sanctum genuit pietate nitentem ;*
  *Sunt ergo sancti Filius atque Pater.*
*Vos igitur Sancti, Fili, genitor que Beati ,*
  *Pro nobis miseris ambo rogate Deum.*

c'est-à-dire ,

––––––––––––––––––––––––

( 1 ) Pour la rendre plus littérale , nous l'avons faite en vers blancs, c'est-à-dire , sans rimes.

Agricol, partant du Chef de l'É-
glife, dut faire beaucoup d'im-
preffion fur l'efprit des Avignonois, & former beaucoup
d'imitateurs ; & nous avons lieu
de croire que, de fon côté, notre
Saint Patron ne manquoit pas de
leur donner de tems en tems des
preuves fenfibles de fon pouvoir
auprès de Dieu. Auffi nous voyons
que fur la fin du même fiecle,
c'eft-à-dire, en mille trois cent
quatre-vingt-treize, vraifembla-
blement après quelque marque
extraordinaire de fa protection en
faveur de nos Peres, leur zele
pour fa gloire fe renouvella avec
beaucoup d'ardeur ; ils jugerent
que fon Chef facré n'étoit pas
dans un état affez brillant, étant
renfermé, comme nous avons dit,
dans un fimple bufte d'argent ; ils

réfolurent d'en faire un autre plus magnifique ; les pierres précieu-fes , l'or & l'argent furent mis en œuvre par l'art & le goût le plus recherché de ce tems-là : plus de douze Cardinaux , plufieurs Pré-lats & un grand nombre de par-ticuliers de toute condition & de tout fexe fe firent un honneur d'y contribuer ; c'eft ce riche bufte de vermeil repréfentant fi bien la tête de notre faint Patron , que l'on expofe fur fon autel , & que l'on porte aux proceffions qui fe font le jour de fa fête , dans les be-foins preffans , dans les tranfla-tions de fes précieufes Reliques & à la réception des Légats dans cette Ville.

Vers le milieu du fiecle fuivant, c'eft-à-dire, en mille quatre cent cinquante-huit , par ordre du Cardinal Alain de Coétivi, dernier Évêque d'Avignon, M. Ponce de Sade, son Vicaire Général & Évêque de Vaison, fit la visite des Corps de Saint Magne & de Saint Agricol, & les remit sous le Grand Autel; ce qui se fit avec beaucoup de solemnité.

Vingt-deux ans après, c'est-à-dire, en mille quatre cent quatrevingt arriva à Cassagnes le miracle de l'apparition des Cigognes, que nous avons rapporté en son lieu, & qui fut unanimement attribué à notre Saint Patron. Ce fut alors que le zele & la dévotion envers lui furent puissament excités. Dans l'enthousiasme où ce prodige jetta nos Peres, il fut résolu d'un commun accord de lui bâtir une nouvelle Église plus grande & plus magnifique; un très-grand nombre de particuliers de tout fexe & de tout état fe firent un mérite d'y contribuer ; leurs noms font infcrits dans les archives du Chapitre de Saint Agricol : mais les Magiftrats de ce tems-là, & ceux qui compofoient le Confeil de Ville, qui dans ces occafions furpaffe toujours de beaucoup la pieufe générofité des particuliers, fignalerent leur zele pour leur faint Protecteur & pour la Paroiffe qui porte fon nom. Ils s'affemblerent le douze d'Avril de l'année mille quatre cent quatre-vingt-cinq, c'eft-à-dire, moins de cinq ans après le miracle, & délibérerent unanimement de donner pour la conftruction de la nouvelle Églife mille florins, qui faifoient alors une fomme très-confidérable.

Ce

Ce fut en conféquence d'une fupplique qui leur fut préfentée par Meffieurs les Doyen & Chanoines du Chapitre de Saint Agricol ; elle eft trop glorieufe à ce Saint pour ne pas trouver ici fa place avec l'acte authentique de la délibération du Confeil ; cet acte eft en latin ; en faveur de ceux qui ne l'entendent pas , nous l'avons traduit en françois. Voici d'abord la fupplique préfentée par le Chapitre de Saint Agricol à Meffieurs les Confuls & au Confeil tenu en l'année mille quatre cent quatre-vingt-cinq , le douze d'Avril.

# MAGNIFICS

## *ET HONORABLES SIEURS*
*Meſſeigneurs les Conſuls & Conſeillers de cette noble Cité d'Avignon ,*

» Vous ſerviteurs & amis les
» Doyen , Chanoines & Chapi-
» tre de votre Paroiſſe & Égliſe
» du glorieux & vrai ami de Dieu
» Monſeigneur Saint Agricol, en
» ſon vivant fils originaire de
» cette Ville & auſſi Évêque &
» Paſteur d'icelle , lequel en ſon
» vivant & après ſon décès a ſou-
» ventes fois prié & intercédé
» envers Dieu pour le ſalut, tran-
» quillité , paix & union de cette
» Cité , ainſi que par ſes grands
» miracles évidents a été plu-
» ſieurs fois aſſez clairement dé-

» montré , fupplient & requie-
» rent bien affectueufement qu'en
» ayant regard aux chofes , biens
» & graces deffus dites , & pour
» la révérence que vous avez au-
» dit glorieux Corps faint , vous
» plaife de votre benigne grace &
» finguliere libéralité en enfuivant
» les Papes de bonne mémoire &
» autres vous prédéceffeurs, per-
» mettre & confentir que le grand
» Portail de ladite Églife de vo-
» tre Patron Saint Agricol de vo-
» tre octroi foit aorné des Armes
» de cette Ville , & que par vo-
» tre commandement & bon plai-
» fir , pour honneur de ladite
» Ville elles y foient mifes ; pa-
» reillement en enfuivant la mu-
» nificence des pieux & victo-
» rieux jadis regnants defquels la
» dévotion & révérence fe dé-

» montroit en la réparation &
» entretenement des Églises, vous
» plaise de votre libéralité & gra-
» ce leur octroyer & donner quel-
» que aide à pouvoir continuer
» la Fabrique & Portail de ladite
» Église, afin que ledit Patron
» glorieux ami de Dieu par sa
» benigne grace soit toujours plus
» enclin de prier envers notre
» Seigneur pour l'union & bon
» état de vous autres Messieurs
» & de la Ville & des autres
» particuliers habitants d'icelle. .
» Et lesdits Doyen, Chanoines
» & Chapitre, outre les autres
» biens que continuellement vous
» leur faites, prieront Dieu & le
» glorieux Saint pour vous.

Voici à présent l'acte de la délibération du Conseil.

„ O Mnibus & *singulis pre-*
„ *sentibus* & *futuris presentis*
„ *carte seriem, mentem* & *teno-*
„ *rem visuris, lecturis ac etiam*
„ *audituris patefiat* & *sit notum*
„ *quod anno Dominici natalis mil-*
„ *lesimo quadringentesimo octuage-*
„ *simo quinto indictione tertiâ, die*
„ *vero Martis intitulatâ duodecimâ*
„ *mensis Aprilis, existente Domino*
„ *temporali* & *immediato Civitatis*
„ *Aven. Sanctissimo in Christo Pa-*
„ *tre* & *Domino Domino Innocentio*
„ *divinâ providentiâ Papa octavo*
„ *Pontificatûs sui anno primo, fuit*
„ *tentum Consilium publicum in*
„ *Domo communi dicte Civitatis*
„ *Aven.* & *in Aulâ magnâ supe-*
„ *riore ejusdem Domûs horâ Ter-*
„ *tiarum vel circa coram nobili*
„ *magnifico Viro Stephano de*

» *Simiana Domino Caſtri-novi Do-*
» *mini Giraudi* * *amici Cavalli-*
» *cenſis diœceſis locum tenente mag-*
» *nifici & potentis Viri Antonii de*
» *Ancezuna Domini loci Caderouſ-*
» *ſie Auragicenſis diœceſis Vigue-*
» *rii dicte Civitatis Aven. pro pre-*
» *fato Sanctiſſimo Domino noſtro*
» *Papa & Sanctâ Romanâ Eccle-*
» *ſiâ in eodem Conſilio preſidente*
» *& de ejus mandato. ad ſonum*
» *campane & vocem tube, ut moris*
» *eſt, convocatum & congregatum in*
» *quo quidem Conſilio preſentes fue-*
» *runt & interfuerunt nobiles & ho-*
» *norabiles Viri qui ſequuntur videli-*
» *cèt Jacobus Pelegrini, Lucas Cam-*
» *bis Conſules, Petrus Sarcier aliàs*
» *Sardine locum tenens honorabilis*
» *Viri Huſſoni Fabri Conſulis, egre-*

---

* de Gadagne.

» gius Vir Dom. Joannes de Caſ-
» ſaneis legum ipſius Civitatis Aſ-
» ſeſſor ; Antonius Hueti utriuſque
» Juris, Dragonetus Girardi legum
» & Balthaſar Parpaille utriuſque
» Juris Doctores, Buffillus de Bran-
» caciis, Antonius Larteſſuti, Do-
» mini Joannes Chaberti & Joan-
» nes Focardi tam in legibus quam
» in decretis Licentiati, Franciſ-
» cus Maleſpine, Petrus Cabaſſole,
» Joannes Biſqueri, Joannes Puet,
» Imbertus Capponi, Nicolaus Mar-
» tini , Petrus Couſtet , Magiſtri
» Joannes Femelli & Pontius de Pe-
» tra Notarii publici, Petrus Martia-
» lis , Joannes-Antonius Benjanus ,
» Bartholomæus Novarini , Hyero-
» nimus de Diarſſio , Henricus Ba-
» rutellati, Petrus Ambergo, Petrus
» Baroncelli , Andreas de Pazzis,
» Antonius Gardini , Olivarius

» *Agafini , Michael Dyri , Pon-*
» *tius Rafaudi , Bartholomæus Lau-*
» *rentii , Joannes de Tullia , An-*
» *tonius Galliani , Balthafar Rho-*
» *doni, Joannes Juvenelli , Antonius*
» *Bartholomei , Petrus Bourgefii ,*
» *Joannes de Grangia , Philippus*
» *Gauterii, Antonius Thome , Hugo*
» *Comberii , Baptifta de Ponte , An-*
» *tonius Belli & Veranus Malhardi*
» *cives & habitatores dicte Civitatis*
» *Aven. & tam de Confilio quam de*
» *extrà Confilium ejufdem : in quo*
» *quidem Confilio inter cetera pro*
» *parte egregiorum & venerabilium*
» *Virorum Dominorum Decani, Ca-*
» *nonicorum & Capituli Ecclefie*
» *Collegiate Sancti Agricoli dic-*
» *te Civitatis Aven. fuit prefatis*
» *Dominis Confulibus & Confilia-*
» *riis exhibita & prefentata quæ-*
» *dam fupplicatio five Requefta in*

„ *vulgari sermone scripta cujus te-*
„ *nor sequitur in hunc modum* ( ici
„ est la supplique qu'on vient de
„ voir) *quâ quidem supplicatione ut*
„ *præmittitur ibidem in ipso Consi-*
„ *lio exhibitâ & eâ organo mei Pe-*
„ *tri de Ambianis Notarii & Secre-*
„ *tarii infrà scripti lectâ & promul-*
„ *gatâ, ac per ipsos Dominos Con-*
„ *sules & Consiliarios & alios ad-*
„ *stantes intellectâ, plurium ibidem*
„ *adstantium sciscitatis & exquisitis*
„ *votis, tandem uniformiter & nemi-*
„ *ne ipsorum in aliquo discrepante*
„ *fuit per fabas nigras quadraginta*
„ *sex affirmativam denotantes delibe-*
„ *ratum & conclusum quod Domini*
„ *Consules & Civitas amore Dei & ut*
„ *ipse gloriosus Confessor Sanctus*
„ *Agricolus continuò exoret apud*
„ *Deum pro tranquillo statu & inco-*
„ *lumitate Civitatis darent mille flo-*

„ *renos currentes femel tantùm pro*
„ *fabricâ ipfius  Ecclefie & majoris*
„ *Portalis in quo apponantur* **Arma**
„ *Civitatis & quod dicti mille floreni*
„ *eifdem Dominis Decano & Canoni-*
„ *cis folvantur per quartonos videli-*
„ *cèt de tribus in tribus menfibus cen-*
„ *tum floreni fuper omnibus gabellis*
„ *hujus Civitatis , ita quòd prima fo-*
„ *lutio incipiat hinc ad tres menfes*
„ *& continuetur ut dictum eft  per*
„ *trimeftre ufque ad integram folu-*
„ *tionem in  cujus rei teftimonium*
„ *nos Joannes Sedille Caufarum ma-*
„ *jorum & Petrus de Ambianis Ca-*
„ *mere Apoftolice & ejus Vicege-*
„ *rentie ac temporalis ejufdem Ci-*
„ *vitatis in caufis appellationum &*
„ *dicte  Civitatis Secretarius No-*
„ *tarii publici & dicti Confilii fcri-*
„ *be  has prefentes noftris  nomi-*
„ *nibus & fignis fubfcripfimus &*

» *fignavimus pro parte dictorum*
» *Dominorum Decani & Canoni-*
» *corum fupplicantium requifiti &*
» *rogati.* « SEDILLE Notaire,
de AMBIANIS Notaire, ainfi fi-
gnés à l'original.

» SAchent tous préfents & à
» venir que l'an de notre Sei-
» gneur mille quatre cent quatre-
» vingt-cinq, le douze du mois
» d'Avril, étant Seigneur tempo-
» rel & immédiat de la Ville d'A-
» vignon Notre très-Saint Pere &
» Seigneur le Pape Innocent VIII.
» la premiere année de fon Pon-
» tificat, on a tenu un Confeil pu-
» blic dans la falle fupérieure de
» la Maifon commune de ladite
» Ville d'Avignon à neuf heures
» ou environ en préfence de no-
» ble & Magnifique perfonne

« Étienne de Simiane, Seigneur
» de Château-neuf, * Lieutenant
» de magnifique & puissante per-
» sonne Antoine d'Ancezune, Sei-
» gneur de Caderousse, Viguier
» de ladite Ville d'Avignon pour
» Notre Saint Pere le Pape & la
» Sainte Église Romaine, Prési-
» dent dudit Conseil, lequel Con-
» seil, selon la coutume, a été
» convoqué & assemblé par son
» ordre au son de la cloche & de
» la trompette, auquel ont assisté
» nobles & honorables person-
» nes &c. (On peut voir dans le
» latin les noms des Consuls &
» Assesseur, ainsi que ceux des
» Conseillers, où ils sont seule-
» ment un peu latinisés ) dans le-
» quel Conseil entr'autres choses,

* de Gadagne appellé alors Giraud-l'ami.

illustres

» illuſtres & vénérables perſon-
» nes Meſſieurs les Doyen , Cha-
» noines & Chapitre de l'Égliſe
» Collégiale de Saint Agricol de
» ladite Ville d'Avignon ont pré-
» ſenté auxdits Meſſieurs les Con-
» ſuls & Conſeillers la ſupplique
» ſuivante écrite en francois ,
» ( c'eſt celle qu'on a déja vue ) moi
» Pierre de Ambianis , Notaire &
» Sécretaire , en ayant fait lecture ,
» Meſſieurs les Conſuls & Con-
» ſeillers & les autres aſſiſtants
» l'ayant entendue & compriſe ,
» après avoir interrogé pluſieurs
» deſdits aſſiſtants & demandé
» leurs ſentimens , enfin unifor-
» mement & d'un commun ac-
» cord par quarante-ſix balot-
» tes affirmatives il a été délibéré
» & conclu que MM. les Con-
» ſuls & la Ville , pour l'amour

I

» de Dieu & afin que le glorieux
» Confeſſeur Saint Agricol conti-
» nue toujours de prier Dieu pour
» la tranquillité & le bonheur de
» la Ville, donneroient une fois
» ſeulement mille florins pour la
» conſtruction de ſon Égliſe & de
» la grande Porte d'icelle, ſur la-
» quelle on mettra les Armes de
» la Ville; & que deſdits mille
» florins, qui ſeront pris ſur tou-
» tes les gabelles de la Ville, il
» en ſoit payé cent, de trois en
» trois mois, auxdits Meſſieurs les
» Doyen & Chanoines, en com-
» mençant d'aujourd'hui en trois
» mois, & ainſi ſera continué de
» trois en trois mois juſqu'à l'entier
» payement. En foi de quoi nous
» Jean Sedille & Pierre de Ambia-
» nis Notaires publics & Secretaires
» dudit Conſeil, priés & requis par

„ Meſſieurs les Doyen & Chanoi-
„ nes avons ſigné les préſentes «.
SEDILLE, *Notaire*; de AMBIANIS,
*Notaire ; ainſi ſignés à l'Original.*

Le zele & la ferveur excités
par le miracle arrivé à Caſſagnes
ſe ſoutinrent pendant un grand
nombre d'années : outre la nouvelle Égliſe qu'on faiſoit bâtir ,
nous voyons que, quinze ans après
ce miracle , on érigea une confrérie en l'honneur de Saint Agricol.
Le Conſeil de Ville , toujours
porté à favoriſer le culte de ce
Saint , voulut contribuer aux frais
qu'elle occaſionna ; il s'aſſembla
le douze de Septembre de l'année mille quatre cent quatre-vingt-
quinze, & délibéra de donner pour
cet objet au Chapitre qui porte
ſon nom la ſomme de dix florins.

Ce ne fut pas seulement le souvenir du miracle de Cassagnes, qui donna lieu à l'établissement de cette confrérie ; il y a apparence qu'une nouvelle faveur reçue du Ciel par l'intercession de St. Agricol y eut beaucoup de part. Une année avant cet établissement, la peste affligeoit cette ( 1 ) Ville ; dans la désolation qu'elle y répandit, l'on ne dut pas manquer de recourir à celui qu'on en regardoit comme le Patron. La peste cessa, & ce fut, sans doute, aussi en reconnoissance de ce bienfait, que l'on pensa à ériger une confrérie en son honneur.

Quatre ans après, c'est-à-dire, en mille quatre cent quatre-vingt-

---

( 1 ) 1494. *Vigebat pestis*, dit le Chanoine Rolland Wallet dans le livre de son administration.

dix-neuf, les sommes que l'on avoit ramassées des offrandes des particuliers, & celle de mille florins que le Conseil de Ville avoit donnée, ne suffisant pas pour achever de construire la nouvelle Église ; le Chapitre de Saint Agricol présenta une autre supplique à Messieurs les Consuls, à peu près semblable à celle que nous avons rapportée : en conséquence ils assemblerent le Conseil le deux du mois de Mai de cette année ; & il fut délibéré & conclu de lui donner encore trois cents florins , " afin " que par les prieres du bien- " heureux Agricol , dit l'acte de " la délibération , cette Ville soit " & demeure toujours en bon état " & dans la prospérité ; ce qu'il " plaise au Très-haut de nous ac- " corder. *Ut precibus beati Agricoli*

» *Civitas semper prospero & bono ac*
» *sano statu permaneat &  perdu-*
» *rare valeat , quod Altissimus con-*
» *cedere dignetur.* «

Il est à remarquer que le Cha-noine Rolland Wallet , qui avoit été présent au miracle de Cassa-gnes , dit , en donnant le prix-fait de la nouvelle Église : « A » la louange  de Dieu & de la » bienheureuse Vierge Marie & » des Saints Magne & Agricol » nos Patrons. *In laudem Dei & » beatæ Mariæ Virginis & Sanc-» torum Magni & Agricoli nos-» trorum Patronorum.* »

En mille cinq cent vingt-trois , la confrérie, dont nous venons de parler, fut comme érigée de nou-veau & composée des Magistrats & de la jeune noblesse de la Ville; on peut croire pieusement , que quelqu'autre marque finguliere de la protection de Saint Agricol donna lieu à ce renouvellement de zele en fon honneur.

En mille cinq cent trente-neuf Charles Contamiffa , Vice-Légat du Saint Siege dans cette Ville & Évêque *in partibus infidelium* , enferma féparément dans deux caiffes de plomb les Reliques de Saint Agricol & celles de Saint Magne, & les mit fous le Maître-Autel de la nouvelle Églife ; il fallut les en tirer en mille fix cent douze ; les décorations que le Chapitre fit dans le Chœur, & qu'il commença par le Maître-Autel, en furent l'occafion ; Mgr .Étienne Dulcis , Archevêque & Vice-Légat de cette Ville, en fit la cérémonie. Le zele pour le culte & l'honneur des facrées Reliques de Saint Agri-

col & de Saint Magne se renouvella à cette occasion. L'on forma le projet de les mettre dans
un état plus riche & plus décent,
& de substituer aux caisses de
plomb dans lesquelles elles étoient
renfermées, des caisses d'argent ;
on commença même d'y travailler ; mais quel qu'en ait pu être
l'obstacle, le projet ne fut point
exécuté.

Enfin en mille six cent vingt-
cinq Marius Philonardi, Archevêque d'Avignon & dans la suite
Vice-Légat du Saint Siege en cette
Ville, après une magnifique procession générale qu'il avoit or-
donnée, les remit solemnellement
sous le Maître-Autel, renfermées
dans deux caisses de bois doré,
garnies de plomb en dedans, &
couvertes d'un riche brocard en

dehors : elles font derriere un or-
nement de bois auffi doré , qui forme un Autel en tombeau , éclairé
par deux lampes ardentes les jours
de folemnité. Au devant de la
pierre de l'Autel on mit l'infcrip-
tion fuivante :

*AVENIO HIC SUPPLEX SANCTOS VENERA-
RE PATRONOS.*

c'eft-à-dire ,

PEUPLES , VENEZ ICI REVERER VOS PA-
TRONS.

C'eft là que nos deux Saints
Évêques , & fur-tout Saint Agricol , font vifités , honorés & in-
voqués par toutes fortes de perfonnes , foit de la Ville , foit des
lieux circonvoifins ; & tel eft l'é-
tat préfent où fe trouvent leurs
facrées dépouilles. Nous avons cru
devoir rapporter de fuite leurs
différentes tranflations.

L'an mille cinq cent quatre-
vingt-quatorze Mgr. Thaurugius,
l'un des plus grands Archevêques
de cette Ville, & qui fut ensuite
Cardinal de la Sainte Église Romaine, dans un Concile Provincial qu'il assembla cette année,
donna à notre Saint Protecteur
des marques éclatantes de sa vénération & du culte particulier
dont il l'honoroit; il tint le Concile dans la Chapelle de son palais; il y fit mettre les tableaux
des saints Patrons des villes dont
les Évêques devoient y assister,
& il y plaça pareillement celui
de Saint Agricol, l'honorant ainsi
& le faisant reconnoître publiquement comme Patron d'Avignon.

La tradition nous apprend; &
le premier Consul de l'année mille
six cent quarante-sept, dans le dis-

cours que nous rapporterons à la fin, attefte que c'étoit la coutume à la réception des Légats dans cette Ville, de porter en proceffion le Chef de Saint Agricol, de l'expofer fur l'autel de la Chapelle qu'on élevoit hors de la Ville, & que devant ce Chef facré, le Légat s'habilloit pontificalement pour faire fon entrée.

En mille fix cent dix-huit le Pape Paul V. accorda à la confrérie de Saint Agricol, des Indulgences perpétuelles ; en voici la teneur extraite d'un imprimé de cette même année, ayant pour titre ;

*Indulgences perpétuelles concédées par Notre Saint Pere Paul V. à la dévote Confrérie de Saint Agricol.*

» Sa Sainěteté concede à tous

„ ceux & celles ( ce qui prouve que
„ les femmes pouvoient égale-
„ ment en être ) qui confeſſés
„ & communiés entreront à ladicte
„ confrérie au premier jour de leur
„ entrée , Indulgence Pléniere.

„ *Item.* Aux meſmes Confreres
„ confeſſés & communiés , ( ſi ſe
„ peut commodément ) en l'arti-
„ cle de la mort invocants le ſa-
„ cré nom de Jeſus , de cœur au
„ moins , s'ils ne peuvent de bou-
„ che , Indulgence Pléniere.

„ *Item.* Aux meſmes confeſſés
„ & communiés , qui viſiteront l'É-
„ gliſe de Sainct Agricol au jour
„ & feſte d'icelle , priants pour
„ l'exaltation de la Saincte Égliſe ,
„ extirpation des héréſies , paix
„ entre les Princes chreſtiens , &
„ pour ſa Sainrteté , Indulgence
„ Pléniere.

*Item.*

„ *Item.* Aux mêmes confeſſés
„ & communiés viſitans ladicte
„ Égliſe ès feſtes de la Nativité
„ de notre Seigneur, Penthécoſte,
„ & ès premiers Dimanches de l'Ad-
„ vent & Careſme, priants comme
„ deſſus, ſept ans d'Indulgences
„ & autant de quarantcines.

„ *Item.* Aux mèmes aſſiſtans aux
„ actes & offices de ladicte Con-
„ frérie, ou traictans la paix par-
„ mi les ennemys, ou accompa-
„ gnans le Sainct Sacrement, lorſ-
„ qu'on le porte à quelque ma-
„ lade, ou eſtants empêchés au
„ ſon de la cloche diront à ge-
„ noux une foys le *Pater* & l'*Ave*
„ *Maria* pour le malade ; ou di-
„ ront cinq *Pater* & cinq *Ave*
„ *Maria* pour les Confreres treſ-
„ paſſés : ou logeront les pauvres
„ pélerins : ou remettront au che-

K

» min de salut quelque desvoyé &
» enseigneront les commende-
» mens de Dieu , & autres choses
» nécessaires pour le salut , pour
» chascune desdictes bonnes œuvres
» soixante jours d'Indulgence. »

Cette Confrérie subsista sans doute encore bien des années après ces Indulgences ; mais malheureusement , selon la décadence de la piété & l'affoiblissement de la Foi , elle s'est insensiblement abolie : il est bien triste de n'en plus voir aucun vestige ; un saint zele devroit bien la renouveller aujourd'hui. Des établissemens souvent funestes aux bonnes mœurs & toujours dangereux se soutiennent ; on en invente chaque jour de nouveaux , on ne manque jamais de moyens pour les maintenir : ceux qui aiment la vertu devroient bien s'intéreſſer auſſi vivement à relever un établiſſement qui lui eſt favorable , qui eſt très-propre à attirer des graces de converſion pour les pécheurs & de perſévérance pour les juſtes, & qui eſt en même tems ſi glorieux à notre Saint Patron : les Indulgences accordées autrefois à la Confrérie érigée en ſon honneur ne ſont point abolies ; & quand elles le ſeroient , on pourroit facilement les faire renouveller & en obtenir même de plus étendues.

L'an mille ſix cent vingt-neuf on érigea au devant de la Porte du Rhône une ſtatue à Saint Agricol , ( 1 ) ſans doute après

---

( 1 ) Etant Viguier M. Jean de Cambis Seigneur d'Orſan , & ſous le Conſulat de M. Henri de Seytres Ecuyer de Caumont , M. An-

quelque faveur extraordinaire reçue du Ciel par son interceſſion ;
nous n'avons pu trouver à quelle
occaſion ; il y a apparence que
ce fut pour nous avoir obtenu la
ceſſation de la pluie & la férénité
du tems , & avoir ainſi garanti
la Ville de quelque inondation.

Cette ſtatue fut rétablie en mille
ſix cent ſoixante. ( 1 ) Enfin elle
a été élevée de nouveau de nos
jours cent trois ans après , c'eſt-
à-dire , en mille ſept cent ſoixan-
te-trois , & elle a été bénite ſo-
lemnellement par M. Brun, Vicaire

---

toine-François Moutet , M. Antoine Briand &
M. Pierre-François Tonduti Docteur-ez-droits
Aſſeſſeur.

( 1 ) Etant Viguier M. Pierre de Joannis ,
Seigneur de Verclos, étant Conſuls M. Gaſpard
de Fortia , de Montréal & de la Garde , M.
Nicolas Charles , M. Paul Roque ; Aſſeſſeur M.
François Barthelemy Docteur-ez-droits.

Général & Official de Mgr. l'Archevêque & Doyen du Chapitre de Saint Agricol, qui y affifta en corps avec Meffieurs les Confuls & Affeffeur. ( 1 ) Perfonne n'ignore que ç'a été en reconnoiffance du bienfait de la pluie obtenu de Dieu prefque chaque année par l'interceffion de ce Saint, après des proceffions folemnelles faites pour cet objet ; & fur-tout de celle du mois de Mai de l'année mille fept cent cinquante-cinq, dont nous avons rapporté ailleurs les circonftances. C'eft auffi en reconnoiffance de cette pluie miraculeufe, & de celle de l'année mille fept cent foixante-quatre ob-

---

( 1 ) Etant Viguier M. le Chevalier de Monery, étant Confuls M. le Marquis de Cambis-Velleron, M. Rouffet, M. Gagean, & Affeffeur M. Bruneau Docteur.

K 3

tenue, ainſi que pluſieurs autres
faveurs particulieres, par la même interceſſion, ( 1 ) que toute
la Ville a demandé, par la voix
des Magiſtrats, que la fête de ſon

---

( 1 ) En voici la preuve. » Les bienfaits ſi-
» gnalés que le Ciel ne ceſſe de répandre jour-
» nellement ſur vous & ſur vos campagnes
» par l'inteceſſion du glorieux Saint Agricol,
» ont engagé MM. les Conſuls & Aſſeſſeur,
» pleins de zele & de reconnoiſſance envers
» ce Saint Protecteur, à recourir à la ſacrée
» Congrégation des Rits, pour obtenir que ſa
» fête fût également obſervée dans le territoire
» d'Avignon, comme elle l'eſt dans la ville ;
» & la ſacrée Congrégation a bien voulu ré-
» pondre à leurs pieuſes inſtances par un reſcrit
» favorable auquel nous nous empreſſons de
» donner l'exécution. A CES CAUSES, & en
» vertu dudit reſcrit, Nous ordonnons qu'à l'a-
» venir le ſecond jour du mois de Septembre,
» fête de Saint Agricol, ſera jour de fête non
» ſeulement dans la ville ; mais encore dans le
» territoire, c'eſt-à-dire, dans cette partie du
» terroir qui eſt diſtant d'une lieue d'Avi-
» gnon, &c. « Extrait de l'Ordonnance de
Monſeigneur l'Archevêque du 7 Août 1764.

puiſſant Patron fût obſervée à la campagne , où elle ne l'étoit pas; ce qui a été accordé par la ſacrée Congrégation des Rits & ordonné par notre illuſtre Prélat , ( 1 ) qui remplit ſi dignement le ſiege de ce grand Saint.

C'eſt encore par un effet de l'impreſſion qu'avoit fait ſur les eſprits la pluie de mille ſept cent cinquante-cinq , impreſſion renouvellée preſque chaque année par le même genre de bienfait , dont on s'eſt cru redevable à l'interceſſion de Saint Agricol , que le zele perſévérant pour la gloire de ſon culte a voulu ſubſtituer un magnifique Autel de marbre à celui ſous lequel repoſent ſes précieuſes Reliques : le Conſeil de

---

( 1 ) Mgr. François-Marie des Comtes de Manzis. Il a été deux fois Vice-Légat du St. Siege dans cette Ville.

Ville , un illuftre Prélat ( 1 ) &
un grand nombre de particuliers
fe font fait & fe font encore un
mérite d'y contribuer ; ce qui fait
efpérer qu'on le verra bientôt fini
& placé.

Ce feroit ici le lieu de parler
de quelques autres dons que la
Ville a faits en différens tems à
l'Églife de Saint Agricol ; mais il
en eft fait mention dans le dif-
cours que nous rapporterons à la
fin. Ceux , qu'ont fait auffi à cette
Églife plufieurs illuftres familles de
la paroiffe de notre Saint , doivent
encore trouver place dans cette
hiftoire , & mériteroient bien d'y
être fpécifiés ; mais , outre qu'ils

---

( 1 ) Mgr. Grégoire des Ducs Salviati alors
Vice-Légat du Saint Siege en cette Ville , à
préfent Commiffaire général des armes de
fa Sainteté.

font affez connus , les Chapelles que ces familles ont dans fon Églife , monumens durables de leur zele envers lui , les rappelleront à la poftérité en confervant les noms des bienfaiteurs ; ainfi nous ne faifons que les défigner.

Nous ne devons pas oublier de faire auffi mention du nouvel Office propre de ce grand Saint ; car il paroît qu'il a été l'époque d'un renouvellement de zele envers lui. Cet Office compofé avec beaucoup de goût , d'élégance & de difcernement par M. Anfelme , Doyen du Chapitre de St. Pierre , alors Chanoine de celui de Saint Agricol , parut en mille fept cent quarante-un : c'eft depuis ce tems-là que l'Églife de ce Saint a été décorée & enrichie de la plupart des dons que nous avions en vue plus haut.

Enfin nous croyons pouvoir mettre au nombre des monumens confacrés à la gloire de notre Saint Patron cette hiftoire elle-même de fa vie , & la délibération du Confeil de la faire imprimer aux dépens de la Ville. Le zele de maintenir & d'augmenter même la dévotion envers Saint Agricol a fait entreprendre cet ouvrage ; le même zele en a fait agréer la dédicace ; le même zele peut feul en affurer le fuccès.

Nous efpérons que le public verra avec plaifir les faits que nous venons de rapporter. S'ils font glorieux à notre Saint Patron , ils font auffi des monumens inconteftables de la protection qu'il a toujours accordée à cette Ville & du culte immémorial & conftant que nos peres lui ont rendu & que nous lui rendons encore.

Je ne puis mieux finir ce petit abrégé qu'en rapportant la délibération de l'Hôtel-de-Ville par laquelle Avignon choisit Saint Agricol pour son Patron principal ; elle est trop glorieuse à ce Saint, elle fait trop d'honneur aux Magistrats de ce tems-là & à ceux qui composoient le Conseil, pour l'omettre. Il est très-vraisemblable que Saint Agricol a été de tout tems reconnu comme protecteur d'Avignon ; le culte qu'on lui a toujours rendu, la confiance que l'on a toujours eue en son pouvoir auprès de Dieu, les bienfaits dont elle a été suivie, ainsi que l'exposa dans la délibération le premier Consul de ce tems-là, en font une preuve fuffifante. Mais il ne fut déclaré folemnellement & par un acte public Patron principal que le dix du mois de Décembre de l'année mille fix cent quarante-fept ; ce fut cinq ans après une Bulle d'Urbain VIII. commençant par ces mots *Univerfa per orbem* , datée des Ides de Septembre de l'année mille fix cent quarante-deux. Ce Pape permet par cette Bulle à chaque ville de fe choifir un faint pour protecteur. En conféquence la Ville d'Avignon choifit pour le fien Saint Agricol le dix du mois de Décembre de l'année mille fix cent quarante-fept ; voici l'acte folemnel, qui en fait foi , fidélement extrait du livre des délibérations & conclufions de l'Hôtel-de-Ville.

» Attefte je Secrètaire de cette Ville

» Ville d'Avignon souffigné que
» dans le Confeil ordinaire &
» extraordinaire de cettedite Ville
» tenu le dixieme Décembre
» mil fix cent quarante - fept ,
» & convoqué à fon de cloche à
» l'accoutumée par ordre & man-
» dement d'illuftre Seigneur Mef-
» fire Thomas de Tulles Sei-
» gneur de Villefranche , Viguier
» de ladite Ville d'Avignon pour
» notre Saint Pere le Pape & la
» Sainte Romaine Églife , auquel
» Confeil affifterent illuftres &
» magnifiques Seigneurs , MM.
» François de Peruffis, Confeiller
» du Roi & Grand Maître des
» Ports de SA MAJESTÉ en la Pro-
» vince de Languedoc, Jean Lo-
» véncyt Écuyer , Jacques Mau-
» rely Confuls de ladite Ville ,
» affiftés d'illuftre & refpe&table

L

» personne Monsieur Maître An-
» toine Laurens Barbier Docteur
» ès droits, Assesseur d'icelle Vil-
» le : M. de Blauvac Docteur,
» M. Louis Ferrier Docteur, M.
» Barthelemy Docteur, M. de
» Servieres, M. Guillaume Savo-
» ne, M. Gabriel de Rieu, M.
» Pierre Bremond, M. Nicolas
» Charles, M. François Rousset,
» M. Louis Gay, M Jean Favier,
» M. Jean-Pierre Guillet, M. Ray-
» mond Serre, M. François Rou-
» viere, M. Charles Savone, M.
» Nicolas Puy, M. de Moustier
» fils, M. Joseph de la Tour, M.
» Pierre Lovet, M. Cambaud. «

## HORS DU CONSEIL

» M. François Felix Primicier,
» M. le Prévôt Suarez, M. le
» Doyen Lovency, M. le Doyen

» de Cambis , M. le Prévôt Pan-
» drau , M. Honorat Chanoine
» député , M. Pierre Payen Doc-
» teur , M. François Blanchetti
» Docteur , M. Geneſt Docteur ,
» M. de Roays , M. Jean Crivel ,
» M. Dumeyne , M. Nicolas Al-
» ſard , M. Jean Larderat , M.
» Brian , M. Tournel , M. Jean
» Carrat , M. Jean-Thomas de
» Place , M. Thomas Savin.

» Et dans lequel Conſeil furent
» priſes entr'autres délibérations
» les deux ſuivantes tirées de mot
» à mot.

» A été propoſé par M. l'Aſ-
» ſeſſeur & continué par M. le
» premier Conſul qu'on a publié
» dans les Paroiſſes de cette Ville
» une Bulle du feu Pape Urbain
» VIII. d'heureuſe mémoire dans
» laquelle ſont mentionnées les

» Fêtes qui feront à l'avenir de
» précepte & de commande-
» ment, comme auſſi par cette
» même Bulle, il eſt permis à
» chaque Ville de choiſir un Saint
» pour ſon protecteur, dont la
» Fête ſera d'obligation pour la
» Ville qui l'aura choiſi, de ſorte
» que nous croyons être nécef-
» ſaire pour le bonheur de la nô-
» tre de penſer à l'élection d'un
» Saint ſous la défenſe duquel
» nous mettrions & nos vies &
» nos biens, puiſqu'en vain la
» prudence humaine tâchera d'é-
» tablir la félicité dans le gou-
» vernement des Villes, ſi le Ciel
» ne la favoriſe ; mais afin d'agir
» dans ce choix avec plus d'au-
» torité, nous aurions jugé à pro-
» pos de le communiquer à un
» Conſeil général, & en tirer un

„ confentement public pour une
„ élection qui doit être utile à
„ toute la Ville : que fi, Meffieurs,
„ nous voulons confidérer la par-
„ ticuliere dévotion que la Ville
„ a toujours témoignée à l'endroit
„ de Saint Agricol, nous verrons,
„ fans doute, qu'à très-jufte titre
„ nous le devons proclamer no-
„ tre protecteur , & par cet aveu
„ général lui témoigner la conti-
„ nuation de notre culte ; vous fa-
„ vez que Meffieurs les Confuls
„ rendent cette foumiffion à ce
„ Saint que d'accompagner fon
„ Chef toutes les fois qu'on vient
„ à le fortir de fon Églife ; ou-
„ tre cela les Offrandes de cire
„ qu'ils lui préfentent annuelle-
„ ment , les grands Chandeliers
„ de Léthon que la Ville lui a
„ donnés , fa ftatue qu'elle a fait

H 3

» dreſſer au devant de la Porte
» du Rhône, ſont tout autant de
» preuves qu'il y a long-tems que
» nous lui avons demandé ſa pro-
» tection & que nous nous ſom-
» mes mis ſous ſa défenſe; mais
» ſi nous avons été dans ces reſ-
» pects & dans ces ſentimens
» pour l'amour de ce Saint, il
» n'a pas manqué de ſa part de
» nous aſſiſter de ſes graces, &
» nous pouvons dire que nos mi-
» ſeres ont toujours trouvé du
» ſoulagement, quand nous avons
» recouru à ſa puiſſance. De plus
» c'eſt la coutume qu'à la récep-
» tion de nos Éminentiſſimes Lé-
» gats dans cette Ville eſt porté
» en proceſſion le Chef de Saint
» Agricol pour être mis ſur l'Au-
» tel de la Chapelle qu'on a dreſſé
» hors de la Ville, & au devant

„ de ce Chef Nofſeigneurs les
„ Légats s'habillent à la Pontifi-
„ cale pour faire leur entrée dans
„ notre Ville. On peut ajouter à
„ ceci le ſentiment de l'un des
„ plus grands de tous nos Arche-
„ vêques, c'eſt Monſeigneur l'É-
„ minentiſſime Cardinal Thauru-
„ gius, d'heureuſe mémoire, le-
„ quel voulant aſſembler un Con-
„ cile Provincial dans ſon Palais,
„ fit mettre dans la Chapelle du-
„ dit Palais les tableaux des Saints
„ Patrons des Villes dont les Évé-
„ ques devoient aſſiſter audit Con-
„ cile, & avec eux le tableau de
„ Saint Agricol, comme le Pro-
„ tecteur de la nôtre, & ce mo-
„ nument paroît témoigner l'état
„ que ce grand Prélat faiſoit de
„ ſon prédéceſſeur, puiſqu'il le
„ mit publiquement dans la qua-

„ lité que je vous propofe : vous
„ agréerez , Meflieurs , qu'avec
„ cela je rapporte une curiofité
„ qui conviendra parfaitement à
„ ce que l'on dit de notre Ville ;
„ car étant dans l'hiftoire toute
„ fondée fur le nombre fepténai-
„ re , puifqu'on y compte fept
„ Paroiffes , fept Palais , fept Col-
„ leges , on dira auffi qu'elle a
„ pris pour fon Patron dans le
„ choix de Saint Agricol le fep-
„ tieme de fes Évêques. Vous
„ fçavez en outre que le lieu où je
„ vous parle eft fitué dans fa Pa-
„ roiffe , que c'eft ici où s'agi-
„ tent & fe décident les plus im-
„ portantes de nos affaires ; qu'en-
„ fuite nous y avons befoin d'une
„ affiftance particuliere du Ciel
„ pour benir nos intentions & les
„ faire réuffir à notre avantage ,

» de forte que ce lieu étant du
» domaine de Saint Agricol, &
» de plus le prenant folemnelle-
» ment pour notre Patron, il
» nous aidera de fes faveurs par
» un double titre, toutes les fois
» que nous nous y affemblerons
» pour les intérêts du public ; &
» enfin je laiffe plufieurs autres
» raifons pour finir avec celle-ci
» qui me paroît grandement con-
» vaincante, qui eft que Saint
» Agricol étoit enfant de la Ville,
» natif d'icelle & un faint Évê-
» que, dont l'Églife fait l'office ;
» après quoi ne fommes-nous pas
» obligés de lui commettre la dé-
» fenfe de fa propre patrie, & ne
» feroit-ce pas lui faire tort
» de la donner à un autre ?

» Voilà, Meffieurs, diverfes
» raifons, & de juftice & de bien-

» féance, qui vous doivent obliger
» à confentir à une élection fi fa-
» vorable qui ne fera qu'une fuite
» de nos dévotions à l'endroit de
» ce Saint. «

» Sur quoi chacun ayant opiné,
» a été conclu unanimement de
» prendre Saint Agricol pour Pro-
» tecteur, & c'eft par toutes les
» Balottes de l'approbative, nulle
» de la négative exceptée. «

» Enfuite a été conclu de fup-
» plier très-humblement Monfei-
» gneur l'Archevêque de vouloir
» laiffer la fête de faint Ruf à
» caufe de la vénération que le
» public a pour ce Saint, parce
» qu'il a été le premier Évêque
» de cette Ville. Et comme de
» tout appert auxdites délibéra-
» tions dans le livre defdits Con-
» feils, étant aux Archives de la-

„ dite Ville , où me rapporte en „ foi MÉZIERES Secrétaire. «

On voit par ce diſcours non-ſeulement que dans ce tems-là Saint Agricol étoit honoré & invoqué, & que l'on obtenoit ce que l'on demandoit à Dieu par ſon interceſſion; mais encore qu'il étoit conſtant alors que dans tous les tems il avoit été honoré d'un culte particulier , que l'on avoit toujours eu recours à lui dans les beſoins preſſans , dans les calamités publiques , & que l'on avoit toujours reſſenti les heureux effets de ſa puiſſante interceſſion auprès de Dieu.

Puiſſe ce petit Ouvrage, conſacré à la gloire de ce grand Saint , contribuer à entretenir & à augmenter la dévotion & la confiance de mes concitoyens envers un Patron fi zélé pour les rendre heureux fur la terre ! Il l'eft , fans doute , encore plus pour leur procurer le bonheur éternel. Il n'eft point de faveurs qu'ils ne puiffent obtenir par fon moyen. Ainfi qu'ils lui demandent avec confiance tous les biens temporels dont ils auront befoin ; mais qu'ils lui demandent fur-tout , & avec encore plus d'ardeur, les graces qui leur font néceffaires pour mériter le Ciel , où doivent tendre tous leurs vœux. Qu'ils foient bien perfuadés que leur dévotion envers ce grand Saint ne feroit qu'une illufion , fi elle fe bornoit à **un** culte purement extérieur , & qu'elle n'eût pour objet que les biens de ce monde , fans aucun defir , fans aucune vue de leur fanctification , & fans y travailler efficacement

efficacement par la pratique des bonnes œuvres & des Commandements du Seigneur. Leur dévotion ne sera jamais plus agréable à Dieu & plus glorieuse à leur saint Patron, que lorsque l'imitation de ses vertus en fera la partie principale ; il ne sera de son côté jamais plus disposé à écouter favorablement leurs prieres & à intercéder pour eux, que lorsqu'ils demanderont sur toutes choses la crainte & l'amour de Dieu, l'horreur du péché, la victoire sur leurs passions ; & qu'ils écarteront les obstacles qui peuvent s'opposer en eux à l'avancement du regne de Dieu dans leur cœur.

*F I N.*

M